# 장애인 삶의 에너지 충전소
# 장애인복지관

장애인과 함께 보통의 삶을 만들어가는
'사람 중심'
평택북부장애인복지관 이야기

우리는 당신의 행복한 꿈을 응원합니다.

볕뉘는 작은 틈을 통하여 비치는 햇빛이란 뜻이 있습니다. 작고 여린 햇살을 받으며 까뮈의 짧은 두 문장을 생각해 봅니다. '행복은 잃기가 쉽다. 그것은 항상 분에 넘치기 때문이다'고 말한 두 문장 앞에서 겸손해집니다.

처음 문을 열 때 전국에서 가장 작은 복지관(건평 165평)으로 13명의 동료들과 2013년 1월 13일 평택북부장애인복지관 첫걸음이 시작되었습니다. 물리적·인적 한계를 극복하기 위해 후원과 자원봉사자 연계 및 지역사회의 관심과 적극적인 참여에 대한 고민 그리고 어떤 방향성을 가지고 시작할지에 대한 토론의 결과로 "시민들과 함께하는 장애 친화적인 지역사회 만들기"와 "우리는 당신의 꿈을 응원합니다."라는 다정하고 강한 메시지로 작지만 꼭 필요한 요소를 짚어가면서, 좀 더 밝은 충족적 에너지와 합리적 대안들을 보완하며 성장해왔습니다. 그런 시간이 더하여 지난 10년은 다양한 시너지 효과를 내며 지금의 모습으로 변화하게 되어 감회가 새롭습니다.

**우리가 걸어온 길엔 혼자였던 적이 한번도 없었습니다.**

평택북부장애인복지관이 있기까지는 함께 응원해 주신분들이 있었기 때문입니다. 장애인 복지에 관심을 가져주시는 지역 내 다양한 협력기관, 후원 및 자원봉사사, 지역 주민들의 사랑과 관심 이렇게 마음과 마음을 잇는 아름다운 동행이 장애인 당사자 "삶"의 변화에 늘 물과 공기의 흐름처럼 함께해 주셨습니다. 이렇게 자연스러운 지역사회 동행은 새로운 삶의 자리를 찾은 당사자들에게 밝은 미소, 희망, 노래, 흥얼거림, 취업, 안정된 감정표현으로 변화될 수 있었습니다. 또한 이러한 삶의 변화는 평택북부장애인복지관이 나아가야 할 방향성의 기준이 되었습니다.

한 사회를 이루는 구성원으로 격 없이 지내는 분위기가 되기까지 장애인 당사자와 가족들, 평택시를 비롯한 지역사회 다양한 협력 기관들, 이루 헤아릴 수 없는 분들에 '사랑과 관심'으로 일구어낸 가장 큰 결실이라 하겠습니다.

우리들의 이야기는.....,

이 책에는 장애 당사자의 가장 가까운 곳에서 그들이 바라

는 다양한 욕구를 반영하여 일상을 응원하고 지지하며, 당사
자의 상황에 맞는 최적의 요소들로 사업을 구성하고 진행하고
자 노력했던 평택북부장애인복지관의 생동감 있는 이야기가
담겨있습니다.

장애 당사자에 대한 사랑과 관심으로 복지관과 인연이 맺어
진 공동 저자이신 이준우 교수님께서 10년간의 우리 이야기를
본인의 필체로 담백하게 담아 빛을 볼 수 있도록 생명력을 넣
어 주셨습니다. 진심으로 감사드립니다.

이런 우리들의 이야기 10주년 기념도서 〈장애인 삶의 에너
지 충전소 장애인복지관 : 장애인과 함께 만들어가는 '사람중
심' 평택북부장애인복지관이야기〉를 발간하게 되어 뿌듯하고
감회가 새롭습니다.

꽃은 저마다 피는 계절이 다르다.
개나리는 개나리대로 동백은 동백대로
자기가 피어야 하는 계절이 따로 있다.
꽃들도 저렇게 만개의 시기를 잘 알고 있는데
왜 그대들은 하나같이 초봄에 피어나지 못해 안달인가.

그대 언젠가는 꽃을 피울 것이다.
다소 늦더라도 그대의 계절이 오면
여느 꽃 못지않은 화려한 기개를 봄내게 될 것이다.
그러므로 고개를 들라. 그대의 계절을 준비하라.

– 김난도 《아프니까 청춘이다》 –

세상 만물이 적당한 때를 기다리고 바라보는 지혜가 너무 아름다운 세상입니다.

　　앞으로 걸어가야 할 향후 100년도 무궁한 빛으로 즐거운 삶의 놀이터가 되기를 희망해 봅니다.

　　평택북부장애인복지관은 지난 10년처럼 앞으로도 장애 당사자, 그 가족분들의 소중한 일상과 꿈·희망을 응원하고자 더욱 더 노력하겠습니다.

　　이 책을 읽으시는 여러분들도 지역 내 장애인 당사자와 평택북부장애인복지관의 든든한 희망의 징검다리로 함께 해 주시길 바랍니다.

2023.11

평택북부장애인복지관장

유 영 애

# 목차

장애인과 함께 보통의 삶을 만들어가는
'사람 중심'
평택북부장애인복지관 이야기

프
롤
로
그

한창 뜨곤 있지만 그래도 대한민국의 수도 서울이 아닌 변방(?) 평택시에 있는 자그마한 장애인복지관이 '장애인이 행복한 일상의 삶'을 만들어가고 있다. 비장애인과 장애인이 동행하는 삶을 보편적인 현실로 이뤄가려고 애쓰고 있다. 장애인 '한 사람 한 사람'의 존엄한 삶을 지켜내기 위해서 최선을 다하고 있다. 바로 평택북부장애인복지관이다.

장애인복지관은 지역사회의 장애인들을 대상으로 다양한 서비스를 제공하는 지역사회 재활시설이다. 즉, 우리나라 「장애인복지법」 시행규칙 제41조 별표 4에 따르면 장애인복지관은 지역사회 재활시설로서 장애인들에게 필요한 종합적인 재활 서비스를 제공하며, 상담, 사회심리, 교육, 직업, 의료재활 등 다양한 영역에서 지역사회에 필요한 서비스를 제공하고 장애에 대한 사회적 인식 개선을 위한 활동을 수행한다. 무엇보다도 장애인복지관은 장애인의 권리 보장을 기반으로 사회복지실천 서비스를 제공하고 있으며, 지역사회 내에서 장애인 당사자의 참여와 자립을 촉진하기 위해 통합적인 서비스 환경을 조성하고 있다. 장애인복지관의 기능은 개인별 지원 계획 수립, 중재(치료)와 컨설팅, 낮 활동 및 행동 지원, 직업지원, 가족지원, 사례관리 및 권익 옹호, 지역사회 중심 지원서비스, 기획홍보 및 운영지원 등으로 세분화된다.

  이렇게 장애인복지관은 우리나라에서 장애인들에게 지역사회보호를 제공하는 가장 대표적인 기관으로 다양한 유형의 전문 인력[1]들이 근무한다. 장애인복지관은 장애인 당사자와 그 가족들의 지역사회 통합을 위해 상담, 치료, 및 훈련과 같은 전문서비스를 제공한다. 이러한 휴먼서비스의 제공자인 장애인복지관 종사자들은 신체적·정신적 어려움을 겪는 이용자들의 다양하고 복잡한 문제를 다루는 업무를 수행한다. 장애인 서비스이용자의 상태와 장애 수준에 따른 맞춤형 서비스 제공을 위하여 개별 재활치료를 목적으로 장애인복지관 인력은

---

1  장애인복지관에는 기능직, 관리직, 일반직 등 다양한 전문 인력들이 종사한다. 즉, 이들은 사회복지사를 비롯하여 특수교사, 직업재활사, 물리치료사, 작업치료사, 임상심리사, 의료인력 등의 전문 인력과 기능직 및 고용직으로 구성되어 있다.

사회복지사뿐만 아니라 물리치료사, 언어치료사, 음악치료사, 미술치료사 등 각 종별 치료사, 상담사, 직업재활사 등 다양한 전문가 집단으로 구성되어 있으며 이들은 장애인 서비스이용자를 위한 종합적인 서비스 제공을 위하여 상호 협력한다.

특히 장애인복지관은 시설이 아닌 지역사회에서 장애인들이 주체적으로 살아가도록 돕는 데에 집중한다. 이에 따라, 장애인복지관은 지역사회 중심의 사회복지실천을 적극 수행한다. 당연히 의료적이며 병리적으로 장애인을 보기 보다는 사회 환경 속에서 사회적 책무로서 사회복지실천을 구현하는 관점인 사회모델에 따라 지역사회 여건의 수정, 인간 중심의 실천을 강조한다. 그래서 장애인복지관의 서비스는 지역사회 내에서 장애인들의 완전한 사회참여와 평등한 생활이 가능하도록 지원하는 데에 목표를 둔다. 이 목표를 달성하기 위해 지역사회 재활서비스가 효과적으로 제공되어야 함으로 장애인복지관의 기능과 역할은 다각적일 뿐만 아니라 종합적이다.

이렇게 장애인복지관이 다차원적이며 총체적인 장애인복지 실천 개입을 수행하는 이유는 장애인 당사자로 하여금 지역사회에서 자립적 주체로서 살아갈 수 있는 권리가 있으며 이를 위한 지역사회 시스템과 지원이 필요하기 때문이다. 당연히 장애인복지관이야말로 장애인의 독립생활을 현실화시킬 수 있는 가장 유용한 서비스기관이기도 하다. 더욱이 그동안 기존의 장애인 당사자가 지역사회의 시설과 자원을 최대한 이용하고, 장애인 자신과 가족, 지역사회 주민들이 참여함으로써 비용과 인력을 감축하는 지역사회재활(community-based rehabilitation, CBR)을 뛰어 넘어, 이제는 지역사회에서 통합적인 돌봄 서비스를 제공받을 수 있는 협력과 연계 체계 구축을 지향하는 경향에 부합할 수 있는 최적화된 사회복지시설로서도 장애인복지관은 각광받고 있다.

점차 장애인복지관의 역할과 기능은 장애인 당사자 자신이 거주하고 있는 지역사회에서 사회복지실천 서비스를 충분히 제공받을 수 있게끔 하는 방향으로 강화되고 있다. 이를 위해 장애인복지관은 장애인과 협력관계를 형성하며, 지역사회 내에 거주하는 장애인이 자립생활을 영위하기 위해서 이들의 정서적·사회적 욕구 측면의 지역사회중심 서비스를 기본으로 하면서 여러 형태의 유용한 지원 서비스를 제공해야 한다. 여기에서 주목해야 할 지점은 제도적 측면에서는 장애인의 사회권을 보장하는 일과 심리·사회적 측면에서는 관계성을 구축하는 작업이 장애인의 일상적이며 보통의 삶을 실현하는 데에 핵심적인 요소라고 보아야 한다는 것이다. 장애인의 일상적이

며 보통의 삶을 이뤄내기 위해서는 생활터전인 지역사회에서
의미 있는 사회적 관계를 구축하고 자기결정권이 보장되며 동
시에 필요와 욕구에 부응하는 사회서비스 제공이 필요한 것이
다. 바로 이 모든 일들을 감당하는 사회복지시설이 장애인복
지관이다.

그런데 이상과 같은 일들을 실제로 지역사회에서 해내기란
결코 녹록치 않다. 기본적으로 개별모델을 중심으로 하는 의
료 및 재활 서비스 형태로 구성된 우리나라 장애인 서비스 현
장은 사회모델을 실천해야 하는 패러다임으로 변화를 강력하
게 요구받고 있음에도 여전히 실질적인 전환은 매우 느리며 때
때로 갈등과 반목으로 현장이 갈라지는 모습으로 나타나기도
한다. 예를 들면 여전히 보수적인 기존의 장애인복지시설들이
있는 반면, 급변하는 사회적 환경에 부응하는 놀라운 변화를
도모하는 시설들이 있는데 문제는 이들 두 영역에 속하는 시
설들이 상호 소통하지 않고 서로를 향해 공격적인 언사를 표
출하는 경우를 말할 수 있다. 구체적인 예시로 탈시설화와 관
련해 장애인복지시설들 간의 첨예한 입장 차이와 갈등이 나
타나는 모습을 들 수 있다. 장애인복지관에서도 이런 모습들
은 간혹 표출된다. 그럼에도 사회적 모델과 자립생활의 정신에
맞춰 혁신적인 장애인복지실천을 도모하는 것은 피할 수 없는

오늘날 우리나라 장애인복지관의 시대적 과업이자 현실적인 숙제이다. 아울러 이는 사실상 일선 장애인복지실천 종사자들의 마음에서부터 공감되는 변화가 중요하다. 결국은 장애인복지관 종사자들인 사회복지실천가들의 변화를 갈망하는 강력한 의욕과 이를 현실화시키는 실제적인 서비스개입 행위에서부터 출발해야 가능하다. 시설의 변화는 그 시설에 종사하는 사회복지사와 실천가의 실질적인 서비스 활동의 변화로부터 이뤄져가기 때문이다. 결국 좋은 시설은 좋은 사람들이 만들어가는 것이다.

이 책의 저자 중 한 사람인 나(이준우)는 6년 전에 장애인복지관 평가를 수행하려고 처음 평택북부장애인복지관에 왔었다. 단독 건물도 아니고 지역사회복지 서비스들을 한곳에서 제공하고자 만든 복합적인 복지시설 내의 일정 공간을 확보해 활동하는 작은 장애인복지관의 역동적인 사회복지실천에 큰 감명을 받았다. 참 좋은 사람들이 일하고 있었다. 자연스럽게 그곳에서 일하는 사회복지사들의 헌신적인 수고와 노력을 확인하면서 좋은 복지관은 규모와 재정으로 이뤄지는 것이 아님을 새삼 깨달았다.

이후 복지관의 요청으로 자문과 교육 등 꾸준히 소통하면서 날로 더욱 성숙해가는 시설의 발전적인 변천과정을 지켜보았다. 물론 때때로 이런저런 어려움들을 겪으면서도 난제들을 헤쳐 나가는 지난한 과정들도 간접적으로나마 경험하였다. 어느 때부터인가 가족 같은 느낌이 들었다. 그러던 중 공동저자인 유영애 관장으로부터 올해가 복지관 10주년이라는 이야기를 들었다. 지난 10년을 되돌아보며 앞으로의 전망과 과제를 정리하여 더욱 혁신적인 장애인복지관을 지향하고 싶다는 강한 의지를 접하게 되었다. 분주한 생활을 이어가는 나로서는 방어적이고 미온적인 대응을 했으나 시간이 지나면서는 굉장히 파격적인 결정을 하고 말았다.

"평택북부장애인복지관의 10년 이야기"를 책으로 묶어보기로 한 것이다.

장애인이 보통의 인생을 살아가게끔 비장애인과 함께 '일상의 삶, 동행하는 삶, 존엄한 삶'을 실현하고자 마음을 들이고 온 정성을 다 쏟아낸 평택북부장애인복지관의 "장애인과 함께 하는 사회복지실천 이야기"를 모아 세상에 펼쳐내기로 하였던 것이다.

이 책은 그 결과물이다.

 책을 쓰면서 책의 성격을 꽤 긴 시간 동안 고민하였다. 일반적으로 사회복지시설에서 10년사 또는 20년사 등을 발간하는, 사진 화보들을 쭉 나열하면서 자화자찬하는 형태의 '사료문집'은 하지 말자고 공동 저자 우리 두 사람이 가장 먼저 결단했고 장순영 사무국장을 비롯한 모든 직원들도 동의하면서 마음을 모아 주었다. 그리고 이왕 하는 거 출판까지 해보는 것으로 결단하였다. 평택북부장애인복지관의 실천 이야기가 우리나라 장애인복지관의 실질적인 사업 수행 모습을 세상에 알리는 것도 보람 있는 작업이라고 판단하였다. 사실 책으로 출판하려고 하니까 참 신기하게도 의미 부여가 다차원적(?)으로 일어났다. 이 책의 초판 1쇄가 다 나가고 나면 그 다음부터 발생하는 인세 수입은 복지관의 수익사업 기금으로 하여 꼭 필요한데 예산이 부족한 사업에 환원하면 좋겠다는 설레발(!)과 일종의 '허무맹랑한 듯한' 상상도 해보았다. 어쨌든 나로서는 정말 오랜 만에 젊은 시절 요모조모 꼬물 짝 오물 짝 상상의 나래를 폈었던 때와 같은 가슴이 두근대는 경험을 하였다. 나이가 들어가고 어느 덧 학계의 중진 교수가 된 지금, 현장의 소리를 담아내고 지방의 자그마한 복지관이 활동했던 사회복지실천 사례들을 이야기로 묶어내게 된 중차대한 사명을 감당하는 것은 거창하지는 않으나 그래도 모험이기는 했다.

그래서 일단 책의 독자들부터 생각하였다. 누가 이 책을 볼 것인가? 여러 번의 논의 끝에 이 책의 1차 독자는 지난 10년 동안 평택북부장애인복지관의 활동을 지켜보면서 함께 했던 장애인 서비스이용자들과 그 가족들, 사회복지사들과 직원들, 후원자들, 지지자들 그리고 평택시에 사는 지역주민들과 유관 기관 실천가들일 것이라고 판단하였다. 이들 모두가 기뻐하고 격려하며 10년 간 진행된 복지관의 사회복지실천 과정을 차분하게 짚어볼 수 있게끔 해야겠다고 생각했다.

2차 독자는 장애인복지실천에 관심 있는 사회복지사들과 예비 사회복지사들일 것이다. 이들에게는 장애인복지관의 업무들이 고되고 힘들긴 하지만 그래도 해볼 만한 가치가 있음을 인식시킬 필요가 있다고 보았다. 3차 독자는 장애인복지관과 실제적인 복지관의 사업에 관심을 가지는 일반 시민일 것이다. 그래서 이 책은 전문성과 대중성을 동시에 지향하고자 했다.

결국 평택북부장애인복지관의 실천 이야기가 특정한 복지관의 사례로만 그치는 것이 아니라 우리나라에 있는 많은 장애인복지시설에서도 충분히 적용할 만한 시사점을 지니고 있어야 했다. 그래야만 책으로 출판하는 의미가 있는 것이다. 자연히 평택북부장애인복지관의 이야기가 범용될 수 있었으면 했고 장애인 관련 여러 기관들과 장애인 당사자들, 사회복지사들과 유관 휴먼서비스 실천가들에게는 통찰과 지혜를 가져다 줄 수 있는 내용이 이 책 속에 담겨져야 한다고 보았다.

이는 결코 녹록치 않은 작업이었다. 책을 완성해나가는 작업을 하면서 저자인 우리 두 사람은 오히려 두 마리 토끼를 모두다 놓치는 게 아닌지 큰 염려를 종종 할 수밖에 없었다.

어쨌든 전문성과 대중성 모두, 일정 수준에 도달하기 위해 저자들은 최대한 쉽게 글을 쓰려고 했다. 학술적 글쓰기 방식인 각주 처리도 참고문헌으로 대신했다. 논문의 글이 아닌 에세이 같은 글이 되도록 했다. 평택북부장애인복지관의 각종 자료들(소식지, 사업계획서, 안내문, 홈페이지에 게시된 글 등)과 출판된 책들과 논문들을 바탕으로 하면서도 가급적 저자들이 소화해서 작성하는 글쓰기 방식을 선택했다. 그럼에도 늘 학술적인 글을 써 왔던 나(이준우)와 복지관에서 행정적인 글을 주로 대하는 공동저자인 유 관장의 글쓰기는 재미있으면서도 흥미롭고 동시에 의미 있는 '3미(재미+흥미+의미)'를 갖추기에는 한계가 있었음을 고백한다.

막상 책을 출판하려고 하니 괜한 일을 벌인 것 같은 민망함이 밀려온다. 더욱이 평택북부장애인복지관의 생생한 사례들과 그 속에서 일어나는 사람 사는 이야기들을 제대로 담아내지 못한 것 같은 송구함도 크다. 하지만 이렇게 부족한 우리 두 사람의 글이라도 한국의 장애인복지관을 조금이나마 깊게 이해할 수 있는 계기가 된다면 더할 나위 없는 기쁨이 될 것이다. 나아가 현재 장애인복지관만을 집중적으로 탐색한 책이나 자료들이 거의 없는 우리 현실에서 이 책이 "장애인복지관 평전" 같은 역할을 하는 첫출발이 된다면 정말 행복할 것이다.

이 책은 '여는 글'로 시작한다. 곧이어 지금 여러분들이 보는 바와 같은 '프롤로그'로 이어진다. 프롤로그는 이 책이 세상에 나오게 된 배경과 장애인복지관에 대한 기본적인 이해를 독자들이 할 수 있도록 내용 구성을 하였다.

그런 다음 제1장에서는 '장애인 개인과 지역사회 모두 함께 면밀히 살피기'란 주제로 장애인과 지역주민들을 장애 친화적인 보통의 사람들로 묶어내는 첫 걸음인 사람과 세상을 들여다보고 파악하는 평택북부장애인복지관의 실천 이야기들을 소개하였다. 특히 '필요'로 시작된 일들이 평택북부장애인복지관을 통해 '사람'으로 엮어지는 모습을 보여주려고 했다.

제2장은 '장애인에게 힘 부여하기'로서 장애인의 자활능력과 사회적 응집력을 강화시키기 위해 평택북부장애인복지관이 심혈을 기울이는 다양한 실천접근들을 살펴보았다.

제3장은 '지역사회 중심의 사회복지실천 하기'인데 평택북부장애인복지관이 수행하는 모든 사업과 프로그램들이 궁극적으로는 지역사회와 함께 하며 행복한 지역공동체를 형성하는 데에 초점이 맞춰져 있음을 제시하였다.

제4장은 '사회적 지지와 여가 문화 연계하기'로서 장애인에게 그 무엇보다도 소중한 사회적 지지와 여가 문화 영역을 평택북부장애인복지관이 어떻게 연결하고 동시에 이를 통해 복지관 사업으로 활발하게 펼쳐가는 지를 알리고자 했다.

제5장은 사진으로 보는 평택북부장애인복지관의 역사적 발자취이다. 수많은 사진 자료들 가운데서 엄선하여 평택북부장애인복지관과 직접적인 관련이 없는 독자들도 '아하!' 장애인복지관이 이렇게 변화되어왔구나! 하면서 약간은 쉬어가는 느낌으로 책장을 넘길 수 있게끔 하였다.

제6장은 '사명으로 실천하기'이고 제7장은 '앞으로 나아가기'이다. 평택북부장애인복지관이 묵묵히 사명감으로 수행해

왔던 실천 활동들과 향후에도 감당해야 할 소중한 가치와 실질적인 사업들을 제시하였다.

끝으로 '에필로그'를 통해 마지막 못 다한 저자들의 소회를 담았다. 참 진짜 마지막인데 부록에서 평택북부장애인복지관의 연혁과 복지관 소개 내용을 실었다. 이 부분은 그래도 이 책이 평택북부장애인복지관의 10년을 기념하여 기획되고 출판한 것이니만큼 모든 평택시민들이 기뻐하면서 알아두면 좋겠다는 의도를 갖고 정리하였다.

자! 그럼 이제부터 장애인과 함께 보통의 삶을 만들어가는 '사람 중심' 평택북부장애인복지관에 관한 이야기 세계로 들어가자.

제**1**장

장애인 개인과 지역사회
모두 함께 면밀히 살피기

모든 사람은 자신이 속한 지역 안에서 원하는 사람들과 관계를 맺으며 보통의 삶을 살아간다. 보통의 삶은 모든 사람이 자신의 생활 영역에서 자연스럽게 살고 일하며 삶의 열망을 추구할 권리가 있다는 핵심 신념에 기반을 두고 있다. 이는 장애인에게도 예외가 될 수 없다. 이미 우리나라 장애인복지 현장은 장애인권리 향상과 당사자주의가 강조되는 패러다임의 변화로 이용자 중심의 자기선택이 강조되고 있고, 장애인의 인간다운 삶에 대해 새로운 시각의 논의들이 이루어지고 있다. 특히 지역사회 내에서 통합적인 돌봄의 강조로 장애인이 자신이 속해 있는 지역 안에서 자유롭고 독립적인 보통의 삶을 살아갈 수 있도록 지원하는 지역사회복지실천이 일반화되고 있다.

이런 가운데서 평택북부장애인복지관은 지역사회에서 장애인이 일상적인 생활을 해나가기 위해서는 다양한 지원이 필요함을 인식하고 우선적으로 장애인 당사자 개인과 가족의 욕구를 파악하는 데에 주목한다. 특히 장애인의 욕구 및 강점과 복지관에서 연결하거나 제공하는 실질적인 지원이 일치할 때 삶의 질을 더욱 향상시킬 수 있다. 이에 장애인이 지역의 평범한 장소에서 존중받으면서 일반적인 삶을 공유하고 선택하며 살아갈 수 있도록 평택북부장애인복지관은 구체적이고 실제적인 지원을 강조한다. 여기에는 공식적인 지원만이 아니라 장애인이 지역사회에서 소속감과 참여를 느낄 수 있도록 관계를 통해 자연스럽게 지원하고 도와주는 비공식적인 지원 등도 포함된다. 가족을 포함해 친구, 이웃, 지역사회 구성원 등과 같은 다양한 사람들이 장애인의 지지자 또는 좋은 이웃이 되게끔 하는 것이다.

이를 위해 평택북부장애인복지관은 서비스이용당사자인 장애인에 대한 철저한 사정을 실시한다. 그리고 그와 같은 사정 과정의 이면에는 사람중심의 사회복지실천 가치와 철학을 담보하고 있다. 즉, 장애인 각 개인에 대한 개별적이고 질적인 접근을 통해 무한하게 열려있는 당사자 개인의 선호와 욕구에 집중하는 것이다. 여기에서 개별적인 접근이라고 하는 것은 정형화되었거나 타성에 젖어 고착화된 규범 자체를 없애는 작업으로부터 시작한다. 정형화되거나 고착화된 규범 자체는 그것을 존속시키기 위한 준거와 체계를 수반할 수밖에 없으며, 이러한 준거와 체계가 지속적으로 존재하는 한, 개인의 선호와 욕망을 획일적인 준거에 근거하여 솎아내야 하는 역할이 요구된다.

평택북부장애인복지관은 바로 이러한 고정적인 기준으로 형성된 준거와 체계를 허물고 장애 각 개인의 모든 것들을 긍정적으로 받아들이기 위해 마음을 열고 장애인 당사자가 표현하는 것에 온전히 몰입한다. 그러면서 최대한 실천가의 긍정적인 정서적 에너지를 투입하여 장애인 서비스이용당사자의 에너지와 열망이 현실 세계에 발현될 수 있도록 무한정으로 열린 계획을 수립하고자 최선을 다한다. 그렇게 함으로써 사회복지실천의 서비스 및 프로그램의 구조와 이를 뒷받침하는 복지관의 조직까지도 그 계획에 맞추려는 노력을 기울인다.

보건복지부의 장애인복지시설사업 안내(2023)에 제시된 장애인복지관의 기능은 상담·사례관리, 기능강화 지원, 장애인 가족지원, 역량강화 및 권익옹호 지원, 직업지원, 지역사회 네트워크, 평생교육지원, 사회서비스 지원, 운영지원 및 기획·홍보로 제시되어 있다.

그런데 이 모든 복지관의 사업과 프로그램에서 가장 중요한 출발이자 기본 토대가 되는 실천개입은 '장애 개인과 그 가족 나아가 지역사회 모두를 함께 면밀히 살피는 사정' 활동이다.

평택북부장애인복지관의 사정은 장애인 당사자의 기관 첫 방문에서부터 시작되고 접촉을 통해 계속된다. 이때 사정은 장애인복지실천 대상에 대한 장애 개념과 특성, 관련 정책과 제도와 관련하여 복지관의 서비스 수준과 범위를 정하거나 한계를 설정하는 것을 포함한다. 또한 사정은 장애인 서비스이용자 상황과 관련된 정보를 수집하고, 사회복지사와 서비스이용자가 수집된 정보를 의미 있게 만들려고 노력하는 사고의 생산적 과정에 의해 진행된다.

장애를 갖고 있는 서비스이용자 개인이나 서비스이용자 집단의 문제, 이들이 가지고 있는 자원, 이들이 필요로 하는 욕구와 요구, 그리고 이들이 처한 상황 등은 제각기 독특하다. 평택북부장애인복지관은 실제적인 실천개입 시에 장애인 서비스이용자에 대한 사정 과정에서 우선 서비스이용자의 개별적인 욕구를 확인하려고 애쓴다. 동시에 서비스이용자인 장애인 집단 전체의 공통적인 문제를 인식할 수 있는 사회적인 쟁점들, 가령 장애인들의 사회적인 고립문제, 고용문제, 부적절한 주택 문제 등에 관해서도 최대한 주의를 기울인다.

　　장애인 서비스이용자에 대한 사정 과정은 서비스이용자를 지원하는 단체와 유관 기관의 사회복지사들과 함께 이루어질 뿐만 아니라 각각의 기관과 단체가 상호연관을 맺고 상호연계망을 형성하는 방식으로 수행되기도 한다. 다시 말해 평택북부장애인복지관의 사정은 장애인 서비스이용자, 사회복지사, 지원 단체 및 기관 등 각 체계들의 경험을 연계하여, 서비스이용자에 대해 실시함으로써 서비스이용자를 개별적으로 사정할 뿐만 아니라, 서비스이용자가 속한 집단과 지역사회 등까지 이해함으로써 서비스이용자를 둘러싸고 있는 환경까지 포함한 서비스이용자를 사정할 수 있는 장점을 지닌다. 그래서 평택북부장애인복지관의 사정 활동은 구체적인 사업 성과들로 이어진다.

　　2015년부터 시작되었던 〈혼자가 외로운 1인 가구 장애인들의 소셜 다이닝 프로그램: "밥 숟가락 하나 더"〉 사업을 대표적인 사례로 들 수 있다.

　　재가복지 대상자인 장애인과의 사정 과정에서 이 사업은 태동되었다.

"저녁에 혼자 집에 있으려니 외로워요. 혼자 밥 먹는 것도 서글프고 … 저녁에 혼자 집에 있다 보면 자꾸 외로운 생각이 들어요. 넘어가지 않는 밥도 대충 물 말아 넘기고 … 복지관에서 일주일에 두 번씩 찾아와 주는 것도 고맙긴 하지만 가고나면 마음이 더 허전하고 서글퍼지는 것만 같아요(2015년 재가복지 대상자 사정 기록지 내용 중)."

평택북부장애인복지관은 2015년 상반기부터 다양한 환경적 요인으로 인해 스스로 식사하기 어려운 장애인 가정을 대상으로 주 2회 가정을 직접 방문하여 반찬을 전달하며 대상자들을 만나고 있다. 2015년의 경우 평택북부장애인복지관에서 서비스를 제공하고 있는 18가정 중 9가정이 홀로 생활하고 있었으며 가볍게 나누는 대화에서도 외로움에 대한 어려움을 이야기 하곤 했다. 실제로 2015년 재가복지서비스 대상자들과의 면담 기록 89건 중 7건이 생활에서의 무력감, 외로움과 관련한 내용이었다. 그래서 평택북부장애인복지관은 1인 가구로 형성된 재가 장애인들의 사고 예방 차원의 사회적 관계 형성과 이웃 간의 돌봄을 통한 자립을 지원하게 된 것이다.

더욱이 지역 환경적 특성도 고려되었다. 한 마디로 "복지관 100m 앞에 위치한 공공임대주택"인 평택시 서정동에 위치한 그린맨션에 관심을 기울였다. 그린맨션은 총 24가구가 거주하는 공공 임대 주택으로 거주인 대부분이 저소득 장애인이며 홀로 거주하고 있었다. 여느 공동주택이 그러하듯 이 곳 그린맨션에 거주하는 이들 역시 이웃 간 왕래가 적은 편이었으며 각자가 서로 어려운 생활을 이어가고 있었다. 이곳에 거주하는 거주인 모두가 경제적, 의료적 지원이 필요한 상태였으며 지속적인 관리가 필요하였다. 그래서 이곳 주민들을 대상으로 공동생활을 유도하여 이웃 간 안부를 확인하고 삶을 함께 공유하는 문화를 조성한다면 생활에서 느껴지는 고립감을 해소하고 자립 공동체로서의 기능을 수행할 수 있을 것이라 예측하였다.

그러던 중에 '소셜 다이닝'이란 개념에 착안하여 "더 이상 혼자는 없다. 삶을 공유하는 소셜 다이닝"이라는 접근을 모색하게 되었다. 소셜 다이닝이란 SNS를 통해 관심사가 비슷한 사람끼리 만나 식사를 즐기며 인간관계를 맺는 것을 말한다. 이런 소셜 다이닝은 1인 가구가 늘면서 하나의 문화 트렌드로 자리 잡아 새로운 공동체로 자리 잡았다. 평택북부장애인복지관은 이를 적용하여 함께 식사하며 밥상 문화의 즐거움을 채워주는 소셜 다이닝을 형성하고자 했다. 실제로 소셜 다이닝이 나 홀로 식사하는 이들의 근본적인 외로움을 치유해주는 장점이 있다고 예상하고 이를 1인 가구 장애인들에게 사회 복지 프로그램으로 적용하여 추진했던 것이다.

　감사하게도 '소셜 다이닝' 사업과 관련하여 지역의 복지자원도 연결할 수 있었다. 즉, 국제대학교와 연계되었던 것이다. 사실 평택북부장애인복지관은 2013년부터 인근 대학인 국제대학교 '호텔 외식조리학과'와 함께 장애인식 개선사업 〈지금 맛나러 갑니다〉를 3년간 진행하였다. 해마다 담당 교수였던 김남곤 교수의 적극적인 지원으로 복지관과 두터운 신뢰관계를 구축하였다. 그와 같은 돈독한 관계로 인해 든든한 우군이 확보된 것이다. 아울러 복지관이 입주해 있는 건물인 평택북부복지타운 4층에는 이미 조리실이 마련되어 있어 사업 진행을 위한 안정적인 장소도 확보된 상태였다. 그래서 마침내 〈평택시 북부권역에 거주하는 1인 가구 장애인(그린맨션 거주자를 중심으로) 대상 소셜 다이닝 사업〉이 현실화 되었다.

　이 사업을 통해 실제로 이웃 간 삶을 함께 공유하는 문화가 조성되었고 상호 간 안부를 묻고 관심을 갖게 됨으로써 그린맨션 단지가 자조 공동체로서의 기능을 수행할 수 있었다. 또한 사업 참여 장애인 서비스이용자들의 우울감과 고립감이 감소되거나 해소되었다. 특히 함께하는 저녁식사를 통해 1인 가구 장애인들의 외로움이 크게 줄었으며 이웃 간 관계형성을

통한 안부와 상호 돌봄이 지역 문화로 자리 잡았다. 총 12회
기로 진행되었던 실제적인 세부 사업들 중 몇 가지 내용을 소
개하면 먼저 참여자 10명과 자원봉사자 10명이 저녁식사를

준비하여 함께 식사하였다. 또한 참여자 전원이 프로그램 진행에 능동적으로 참여하고 참여자들 간 관계형성을 통한 상호 돌봄의 성격을 띤 연락이 빈번하게 이뤄졌다. 때로는 자원봉사자와 참여자가 함께 경기도 지역의 '맛집'에 방문하여 저녁식사를 4회에 걸쳐 진행하였다. 함께 밥을 먹는 것만으로도 우울감과 고립감, 외로움 등이 해소될 수 있음을 확인하였다.

이렇게 평택북부장애인복지관에서 이뤄지는 사정은 사회복지사와 복지관 실무자의 역할 가운데 일차적인 기능으로 자리매김 되었다. 정확하면서도 진정성 있는 사정의 결과로 소중한 사업이 시작되었고, 결과적으로 이 사업은 장애인 자조 집단 형성을 이뤄냈던 것이다. 그리고 이러한 자조 집단은 자조 성격을 담보한 지역공동체로서 확장되었다. 이 모든 사업성과의 시작이 훌륭한 사정에서부터였던 것이다. 또한 평택북부장애인복지관의 사회복지사들과 실천가들은 장애인 서비스이용자들과의 접촉을 통해 단계적으로 지속될 개입과 문제해결을 위한 과정을 가능하게끔 실질적인 소통의 구조를 만들려고 애쓴다. 이러한 소통의 구조는 사정 과정에서 극대화될 수 있었다.

평택북부장애인복지관의 사정은 사회복지사와 장애인 서비스이용자가 서비스이용자 세계와 장애 현상에 관해 이해하고 또한 반드시 강조해야 할 욕구나 문제들을 확인하고 이해하는 과정이 된다. 이때, 사회복지사와 서비스이용자 모두는 정보, 경험, 생각과 접근내용 등에 관해 상호 공유해야 하는 중요한 역할이 있다. 세력화나 자기결정권에 관한 장애인 서비스이용자의 강점을 강조하는 사정 과정의 중요성은 사정의 핵심에서 서비스이용자의 참여를 최대화하는 것이다. 그 이유는 장애를 가지고 있는 서비스이용자의 경우에는 종종 학습된 무력화를 경험하기 때문이다. 이들 장애를 가지고 있는 서비스이용자의 경우에는 자신의 선택이 제한을 받는다고 느끼는 경우가 있는데, 이는 자신이 장애를 가지고 있는 조건 때문이라고 생각하는 경우가 있다.

이와 관련하여 2019년에 진행되었던 "내 월급 차곡차곡 모아 캄보디아로 떠나는 취업자들의 첫 해외여행: 빛나는 앙코르와트! 빛나라 우리 청춘!" 사업을 살펴본다. 이 사업은 평택북부장애인복지관을 통해 취업한 발달장애인 취업자들이 해외여행을 목표로 장기계획을 세우고 각자의 근로현장에서 일하며 7개월간 해외여행에 필요한 경비를 적립하는 계획에 참여하면서 자신의 의견을 내고 대립되는 상황에서 의견조율 하는 방법을 얻는 것에 1차적인 목적을 두었다. 이후 해외여행을 통해 그간의 노력에 대해 스스로 보상 받으며 성취감과 자존감, 사회적 경험을 획득하는 것이 사업의 2차 목적이었다.

추진되었던 사업의 내용은 먼저, 평택북부장애인복지관 취업자들 중 해외여행 참여 희망자 16명을 모집하였다. 그런 다음 해외여행 전반적인 과정에 대해 설명을 하고 본인 부담금(70만원)과 복지관 지원(30만원)에 대한 안내 및 합의를 진행하였다. 1인 기준 예산 100만원으로 갈 수 있는 최적의 해외여행지에 대한 계획을 각 여행사가 준비하고 참여자들을 대상으로 소개하는 시간을 가졌다. 가장 선호도가 높은 국가와 여행 일정, 조건을 참여자들의 의논을 통해 선택하고 해외여행을 추진할 수 있도록 지원하였다. 해외여행 준비 중 룸메이트를 정하는 방법에 대해 참여자들의 다양한 의견들이 나왔었다. 사다리 타기, 제비뽑기, 희망하는 사람들끼리 방을 쓰기 등 여러 방법들이 제시되었다. 어떤 방법이 가장 적합할지에 대해 참여자들이 의논하는 시간을 가졌는데 각 방법에 대한 자세한 이유들을 이야기 하며 갑론을박을 펼쳤다. 긴 논의 끝에 단체 sns방에서 익명투표를 통해 결정하는 것으로 의견이 모여졌으며 투표결과 제비뽑기로 룸메이트를 짜는 것으로 확

취업자 해외여행 '빛나는 앙코르와트! 빛나는 우리청춘!'

정되었다. 참여자들이 정한 국가, 일정, 룸메이트 등을 바탕으로 실제로 해외여행을 하였으며 다녀와서는 평가회를 진행하였다.

그 결과 취업자들이 해외여행 참여를 위해 취업 후 직업을 유지하며 스스로 여행비용을 마련할 수 있었다. 또한 해외여행을 위해 인내하며 일했던 스스로에 대해 심리적지지 형태의 보상이 주어지며 높은 자존감과 성취감, 사회적 경험을 획득할 수 있었다.

이렇게 평택북부장애인복지관은 '사정' 과정을 통해 장애인 서비스이용자의 자기의사 결정권에 기초한 이용자 욕구에 부응하는 사업들을 펼쳐가고자 최선을 다한다. 그러므로 평택북부장애인복지관에서는 사회복지사와 서비스이용자 간의 상호관계가 사회복지실천의 핵심사항으로 인식되며 그 중요성이 더욱 강조되고 있다. 당연히 평택북부장애인복지관에 근무하는 사회복지사는 다면적인 방향에서 사정을 실시하고 있는데, 이때 사회복지사가 관점으로 활용하는 내용은 강점 시각과 생태체계적인 이론과 관련된 지식에 기초한 인간에 대한 이해, 그리고 생활경험을 이해하는 것 등 다분히 다각적이고 통합적인 접근이다.

특히 강점 관점에서는 개인과 환경의 긍정적인 강점에 초점을 맞추는 것을 통해 사회복지실천이 이루어지고 있는데, 서비스이용자를 강점 관점에서 초점을 맞추어 실천하는 것은 사회복지사와 서비스이용자가 변화를 위한 계획을 만들어 나갈 수 있게 한다. 특히 장애를 가지고 있는 서비스이용자와 함께 하는 사회복지사의 경우에는 강점 관점에서 접근하는 것이 실천에 도움이 되는데, 이는 사회복지사와 서비스이용자 모두에게 도움이 되고 있다. 장애인에 관한 사정에서 장애의 조건과 관련된 욕구 혹은 문제에 우선적으로 초점을 맞추기보다는 이들 장애인이 가지고 있는 강점을 확인하고, 찾기 위한 것에도 도움이 되고 있다.

이와 같이 평택북부장애인복지관에서는 강점 관점 사정을 통해 사례관리를 진행하고 있는데, 아래에 언급하는 사례는 자녀들에 대한 관심도 및 애정도가 매우 높으나 지적장애로 인하여 올바른 양육방법 및 일상생활의 어려움을 겪는 지적 장애인 부부를 위하여 자녀 양육에 초점을 두고 다각적인 사례개입이 이뤄진 내용이다.

만성적인 경제적 어려움과 장애특성으로 인하여 학령기에 있는 자녀들에게 다른 친구들과 같은 기회를 주기 어려운 사례관리 대상자를 대신하여 지역사회 자원을 연계, 본인이 직접 고른 학용품과 의류 및 교복을 지원하였으며 외부지원 사업을 연계하여 학원비를 지원하였다. 또한 자녀들의 양육에 쓰일 수 있도록 정기결연후원금을 연계하여 성장기에 있는 자녀들이 올바르게 성장할 수 있도록 도모하였다. 더 나아가 1박2일 캠프를 통해 자녀들이 직접 예산책정, 지출, 음식조리, 청소, 정리 등을 할 수 있도록 지원하여 자녀들의 자립심을 키울 수 있었다.

44

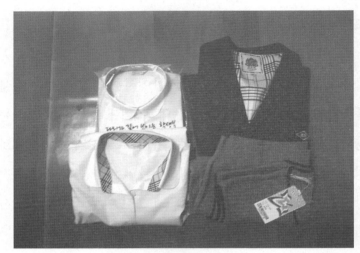

교복지원

장애 당사자 요리활동

　또한 비위생적인 주거환경에서 거주하고 있는 사례관리 대상자 가정을 위해 주거환경을 개선하고 정기적으로 반찬을 제공하여 성장기에 있는 자녀들이 영양소를 골고루 섭취할 수 있도록 지원하였으며 국제대학교 호텔외식조리학과와 연계하여 자녀들에게 간단한 반찬을 조리할 수 있도록 조리방법도 익히는 기회를 가졌다.

　그 결과, 사례관리 대상자 이○○는 '내가 직접 조리한 반찬으로 아이들이 밥 한 공기를 뚝딱했다. 아이들이 잘 먹으니 나도 기분이 너무 좋다. 다음에 또 다른 반찬을 해주고 싶다.'라며 매우 만족하는 모습을 보였다. 이처럼 평택북부장애인복지관은 사례관리 대상자에게 강점관점 사정을 기반으로 사례관리실천 개입을 수행하고 있다.

　또한 사정 과정을 통해, 평택북부장애인복지관의 사회복지사는 장애인 서비스이용자가 분노, 좌절, 절망, 변화의 과정에 참여하고자 하는 열망이 없는 상황 등에 대해 관심을 둔다. 이러한 조건들이 장애인 서비스이용자들이 자신의 장애 조건으로 인해 나타내는 반응의 일부가 될 것이기 때문이다. 또한 사회복지사는 한국 사회, 더 좁게는 평택시의 환경적 조건이 장애인이 성취하고자 하는 것을 방해하는 장벽으로 작용하는 경우가 많다는 사실에 관심을 가진다. 이러한 사회적인 장벽과 같은 조건으로 인해 장애인이 자신의 열망을 포기하는 경우가 많아, 결국 의미 있는 삶에 대한 생각이나 자신의 성취나 능력을 발휘하기 위한 노력에 제한이 되고 있음을 인식하고 그 인식을 개선하기 위해 최선을 다한다.

그러면서 결국은 강점 관점에 의한 사회복지실천을 지향한다. 평택북부장애인복지관은 강점 관점에 의한 사회복지실천을 수행함으로써 장애인 서비스이용자에게 자신에 관해 스스럼없이 이야기하도록 하며, 사회복지사는 서비스이용자를 지원하는 것과 함께 격려하는 일에 적극성을 띤다. 장애인 서비스이용자는 사회복지사의 도움을 받아 무언가 새로운 자신의 내면의 것들과 문제 상황이 만들어지게 된 경위 등을 통해 자기 자신을 확인하거나 발견한다. 서비스이용자에 대한 사정을 목적으로 한 질문들은 사회복지사가 서비스이용자를 믿는 것, 서비스이용자의 결정을 신뢰하는 것, 서비스이용자의 확신을 강화시켜주는 것 등을 원칙으로 하여 제시된다.

평택북부장애인복지관의 사회복지사 또는 실천가는 문제

를 확인하는 데 있어, 장애인 서비스이용자의 욕구, 환경, 자원 사이에서 문제 보다는 강점에 치중한다. 어떠한 문제 상황에서도 섣불리 가치적인 관점으로 판단하지 않는데, 가치 중심으로 판단하는 일은 장애를 가지고 있는 서비스이용자에게 부정적인 영향을 미칠 수 있다.

그래서 평택북부장애인복지관에서는 서비스이용자와 사회복지사가 서비스이용자 내에 있는 강점과 환경 내에 내재된 강점들을 찾아내기 위해 정성을 쏟는다. 이로써 장애인 서비스이용자의 강점과 환경 내의 강점을 파악하려고 힘을 결집해나간다. 실제로 장애인 서비스이용자의 강점에 초점을 맞춘 평택북부장애인복지관의 사회복지실천은 사회복지사와 장애인 서비스이용자 모두가 서비스이용자 문제의 어려움에도 불구하고, 환경의 부족함과 제한된 자원과 가능성 등을 인식하는 데 도움이 되고 있다. 아울러 서비스이용자의 장애 조건에 의해 야기된 강제적인 속박을 이해하는 데에도 유용하다. 그리고 서비스이용자의 살아온 삶의 여정, 예를 들어 서비스이용자의 현재 존재 사실, 지금까지 생존을 위한 노력 등 서비스이용자가 지금까지 경험해 온 기능적 측면과 이를 유지하기 위한 내면적인 강인함 등에 관한 것을 이해하는 데도 도움이 된다.

장애를 가지고 있는 개인의 가장 소중한 강점 가운데 하나는 스스로 자신의 어려움을 이겨내려는 회복력이라고 할 수 있다. 이러한 회복력은 자신의 장애 조건을 받아들이고 대처하고, 관련된 일들에 대해 이해하려는 능력을 의미한다. 장애를 가지고 있는 대부분의 사람들은 자신의 생활주기의 일정부분 또는 전 인생의 생활주기를 통해서, 자신의 또래집단으로부터 놀림을 당하거나, 이해할 수 없는 부당한 일들을 당한 경험들이 있다. 예를 들어 억압, 차별, 거부, 무시, 배제 등 이외에도 장애인에게 장애가 원인이 되어 나타날 것이라고 믿는 신념, 믿음, 선입관, 혐오, 보이지 않는 것들에까지도 가해지는 편견 등을 경험하게 된다. 그래서 평택북부장애인복지관은 구체적으로 장애인 서비스이용자 개인의 내면적인 자원과 능력을 기록해 놓는 데에 심혈을 기울인다. 이는 장애를 가진 서비스이용자에 대한 강점 사정이 필요로 할 때 활용할 수 있는 중요한 부분이 된다.

강점 관점으로 사회복지실천을 수행하는 것은 문제를 가지고 있는 서비스이용자들이 장애와 직접적으로 관련된 것들 가운데에서 실질적인 지원 가능한 사회자원을 찾는 데에도 매우 유용하다. 서비스이용자의 장애 조건으로 인해 문제가 발생하게 된 경우에는 서비스이용자의 제한으로 인해 문제가 발생되었다기보다는 사회 안에 문제가 존재하고 있으며, 제한된 환경 안에 문제가 발생되었다고 인식해야 하는 것이다. 그리고 기능상의 결핍으로 인한 것에 초점이 맞추어지기보다는 서비스이용자의 강점을 유용하게 활용하는 데에 주목해야 한다. 아울러 서비스이용자 자신의 선택을 조정하는 세력화가 가능한 의미로서 서비스 실천계획을 수립하고 서비스이용자의 변화를 향상시키기 위한 동기에 초점을 맞추어야 하는 것이다.

평택북부장애인복지관은 이 지점에서 장애인 서비스이용자 자신의 내면적인 의식과 심연의 깊은 곳에서 자신을 치유할 수 있는 능력이 서비스이용 당사자에게 있음을 강조한다. 가능성 혹은 능력은 장애인에게 있어 차츰 개인이 갖고 있는 강점의 일부분으로 작용되는 것이며, 자신의 약점이나 부족한 점을 결정하는 것이 아니라는 사실이다. 따라서 서비스이용자 개인의 장애라는 맥락 안에서 장애라고 하는 제한에 초점을 맞추기보다는 개인의 장점, 잠재된 가능성 등 능력 상태에 초점을 맞추는 것이 진정한 의미의 강점 사정이며 평택북부장애인복지관이 수용하고 강조하는 사정 활동이다.

한편 평택북부장애인복지관은 지역사회를 사정하는 과정에

서도 항상 장애를 가지고 있는 사람들을 포함하여 실시한다. 사정하는 과정에서나 문제해결을 위한 계획을 수립하는 데 있어서, 많은 사람들 가운데 욕구에 의해 영향을 받고, 동시에 가장 욕구가 높고 실질적인 지원을 절실하게 필요로 하고 있는 사람을 우선 고려해야 하는 것이 공정한 윤리 기준이라고 할 때, 자신의 욕구를 알리는 것이 어려운 장애를 가지고 있는 사람들을 고려하는 것은 지극히 당연한 모습이다. 문제는 장애인들이 자신의 장애 조건, 장애 관련 문제, 그리고 욕구를 나타내려 하지 않는 경향이 있는데 그 이유는 사회구성원들의 장애인에 대한 무관심, 지원에 대한 의지 부족과 같은 요인들이 장애인을 구속하고 있기 때문이다. 이 외에도 장애인들의 낮은 자존감, 자원의 소재를 발견하는 일, 욕구를 사정하는 일 등이 활발히 이루어지지 못하는 요인으로 작용하기도 한다. 그래서 평택북부장애인복지관은 간절한 욕구가 있음에도 그 욕구를 표현하지 못하는 취약한 장애인들이 살고 있는 평택시로 구획된 지역사회를 정성껏 사정한다.

그리고 지역사회 내에서 장애인들이 기본적으로 반드시 필요로 하는 욕구와 장애인들이 원하는 것의 차이가 분명하지 않기 때문에 장애인 서비스이용자를 사정할 때, 평택북부장애인복지관은 지역사회 사정에서 누구를 포함해야 할 것인지, 혹은 어떠한 사정 방법을 사용할 것인지에 대한 포괄적인 결정을 신중하게 한다. 가급적 지역사회에 존재하는 다양한 사회자원에 대해 어떠한 편견도 갖지 않고 오로지 장애인 서비스이용자의 권리와 이익에 초점을 두면서 사정한다.

## 제2장

장애인에게 힘 부여하기

평택북부장애인복지관은 한결같이 평택시에 거주하는 장
애인 서비스이용자에게 힘을 부여하기 위해 심혈을 기울인다.
서비스이용자에게 힘을 부여하는 것은 '임파워먼트 모델'이라
할 수 있다. 평택북부장애인복지관은 사회복지실천을 수행할
때, 임파워먼트 모델을 적용함으로써 장애인 서비스이용자의
'자활능력'을 향상시킴과 동시에 사회적 응집력을 강화한다.
당연히 평택북부장애인복지관의 임파워먼트 모델 기저에는
강점 관점이 자리 잡고 있다.

그래서 평택북부장애인복지관은 사회복지실천의 핵심 가치
에서부터 인간의 존엄과 개인에 대한 존중을 인식하는 것에
초점을 맞추고 있다. 서비스이용자의 강점을 찾아내어 잠재력
을 끌어내기 위해서는 당사자에 대한 존중과 공감 및 이해가
기초되어야 한다. 아울러 이는 복지관이 나아가야 할 비전과
사명으로 구체화되어야 한다.

## 1. 장애인에게 힘을 부여하려는 복지관 비전과 사명, 핵심가치의 제시

비전

시민들과 함께하는 장애친화적인
지역사회 만들기

미션

우리는 당신의 행복한 꿈을
응원합니다.

♥ 핵심가치

| **Chair** | Chair(의자)는 등받이가 있는 1인용 의자와 같이 맞춤형 개별화 지원서비스 실천은 물론 모든 이해관계자집단이 상호적 관점에서 참여하되 서로 묻고 의논하고 부탁하는 걸언(乞言)의 정신에 기반한 지역장애의 삶의 자리를 그들 스스로 주재해나갈 수 있도록 적극 주선하고 거들겠다는 우리 스스로의 약속입니다. |
|---|---|
| **Change**(변화) | 당사자의 자주성 가치에 기반한 참가 동기 진작, 임원들의 직무 및 조직 관련 적극적이고 주체적인 태도로의 변화 |
| **Happiness**(행복) | 복지 증진에 의한 당사자와 임직원의 삶의 질 향상 |
| **Accountability**(책임성) | 사회복지실천의 기본 가치며 행동기준으로 임직원의 분장업무에 대한 책임경영체제 정착은 물론 최소한 자신의 언행심사에 책임질 줄 아는 성숙한 시민으로서 정상화 이념에 기반한 당사자의 삶 지향 |
| **Interaction**(소통) | 공감소통과 상호작용에 의한 연대와 협업 강화 |
| **Respect**(존중) | 어느 일방이 아닌 상호적인 관계의 발전에 기반한 인간존중 |

평택북부장애인복지관의 핵심가치 CHAIR와 우리의 마음가짐

이러한 평택북부장애인복지관의 핵심 가치는 사회복지사들이 복지관의 비전과 미션 그리고 가치를 우선적으로 존중하여 서비스이용자의 자기결정에 대한 관점을 가지고 사회복지실천을 수행하게 이끈다. 여기에서 장애인 서비스이용자의 자기결정은 사회복지실천 계획을 수립하고 서비스를 이행하는 데 있어서 서비스이용자의 목표와 대상을 우선순위에 놓고, 정하는 것을 포함하고 있다. 서비스이용자 중심의 평택북부장애인복지관의 사회복지실천은 서비스이용자가 문제결정과 사정 그리고 개입 계획에 활동적인 역할을 선택할 수 있도록 격려하는 것을 중요시한다. 사회복지사는 장애인 서비스이용자의 강점을 만들어 나가는 것을 인식하고 중립적인 특성을 존중한 사정과 계획 등의 내용에 기초하는 사회복지실천을 개발하려고 노력한다.

## 2. 모든 사업 수행에서 임파워먼트 모델의 철저한 적용

장애인은 여러 면에서 취약한 사람들인 경우가 많다. 그 이유는 기능적으로 제한을 갖고 있기 때문이기도 하지만, 또 다른 면에서는 사회적인 제한에 의해 구속당하는 경우도 많기 때문이다. 그 결과 사회적인 낙인, 억압, 차별, 편견, 거부, 분리를 경험할 가능성이 높을 뿐만 아니라 개인의 자존감이 낮은 경우, 무력감을 강하게 느끼며 자조능력의 부족 등과 같이 개인적 차원에서도 취약한 사람들인 경우가 많다. 임파워먼트 모델은 장애인이 속한 환경과 사회정책 가운데, 서비스이용자가 잠재적인 변화나 향상을 위한 변화를 성취하는 것인데, 결국 장애인들의 자활능력과 사회적 응집력이 향상된다는 것은 사회정의의 실현까지 가능하게 됨을 의미한다.

임파워먼트 모델에 입각한 평택북부장애인복지관의 사회복지실천에서는 장애인에 대한 강점 사정이 철저하게 수행된다. 서비스이용자의 강점에 초점을 맞추는 일은 사회복지사가 서비스이용자를 도와 스스로 행동할 수 있도록 동기화하는 것을 돕게 된다. 동시에 동기화 과정을 통해 서비스이용자가 누군가에 의해 행동이 강요되고, 타의적으로 행동을 수행해 왔다면, 이러한 수동적인 자세를 능동적인 자세로 바꿀 수 있도록 도움이 될 수 있어야 한다. 따라서 장애인 서비스이용자에게 도움이 되는 그들의 자활능력과 사회적 응집력의 강화는 심리적이고 사회·경제적인 자원 이 두 가지를 가지고 있는지를 확인하는 일과 함께 이 두 가지 모두를 효과적으로 사용하는지를 확인하는 일과 관련되어 있다. 그리고 실제적인 실천

수행과 관련해서는 심리적 요인, 경험적인 요인, 그리고 환경과 관련된 요인들 모두에 개입이 필요하다.

임파워먼트 모델을 적용한 평택북부장애인복지관의 여러 사업들 중에서 첫 번째로 2018년부터 실시하고 있는 "발달장애인 자기결정 프로그램 사업"은 큰 성과를 산출했던 사례였다. 이 사업의 목적은 성인 전환기 발달장애인을 대상으로 자기결정 프로그램을 실시하여 자기옹호 및 자기표현 기술 습득을 통한 자기결정 능력을 향상시켜 발달장애인이 스스로 삶에 주체적 역할과 적극적인 사회참여를 지원하고 지역사회 통합을 하게끔 돕는 데에 있었다. 사업 대상인 성인 전환기 발달장애인은 평택시 관내 특수학급 학생들을 선정하여 사업이 진행되었다.

이 사업은 무엇보다도 인지수준과 기능이 비슷한 참여자들로 구성하여 보다 원활하게 진행될 수 있었다. 또한 발달장애인들을 대상으로 인권 교육 및 자기결정 교육을 진행한 경험이 있고 장애와 장애인에 대한 이해도가 높은 외부 전문 강사를 섭외하여 진행하였기에 사업에 참여하는 발달장애인들의 수준에 맞는 다양한 내용과 흐름으로 프로그램이 구성될 수 있었다. 그 결과 참여자들 모두가 자기생각과 감정에 대한 표현기술을 배우고 학교 내 생활에서의 예절, 이성교제, 금전관리, 직업계획 등으로 구성된 내용을 통해 학교 졸업 후 또는 취업 후 자신의 생활에 대해 생각해 볼 수 있는 시간이 되었다.

물론 사업 초기에는 참여자들이 자신의 목소리를 내는 것에 있어 익숙해하지 않았으나 발음연습과 복식호흡법, 낭독과 발표연습, 바른 듣기의 자세 등에 대한 교육을 통해 자기주장을 실천할 수 있는 기회가 되었다. 또한 회기가 진행될수록 참여자들이 자신의 생각을 보다 또렷하고 명확하게 작성하고 자신의 의견을 이야기하는 모습을 보였다.

그리고 금전관리 교육 시에는 참여자들이 자릿수나 화폐단위 등을 잘 이해하지 못하고 어려워하여 이에 대한 교육회기를 늘려 진행하기도 했다. 자립생활에 있어 경제(금전)관리에 대한 부분이 가장 중요하기 때문에 가정이나 일상생활에서 금전관리와 사용에 대한 경험치를 늘려주고 정기적·지속적인 교육과 훈련에 대한 지원이 필요하다는 현실도 새삼 더욱 절실하게 깨달을 수 있었다.

한편 일부 참여자의 경우 프로그램 초기 주변인의 행동에 예민하게 반응하거나 다른 사람과 이야기할 때도 집중하지 못

발달장애인 자기결정 프로그램 '마이스토리'

하고 자신의 이야기만을 반복적으로 계속 하거나 심지어 다른 참여자들을 꾸짖는 말투와 모습을 보였다. 그러나 프로그램 후반에 이르러서는 듣는 자세가 반듯해지고 집중하는 모습으로 변화되었다.

결과적으로 이 사업을 통해 발달장애인의 자기옹호능력이 확립되었으며 감정표현을 학습함으로써 대인관계기술도 향상되었다. 특히 성인 전환기 발달장애인의 자기 표현기술이 크게 향상된 점과 발달장애인의 실질적인 사회참여를 지원했다는 점에서 매우 큰 성과를 이뤄냈다고 본다. 중요한 것은 이 모든 사업과 세부 프로그램이 기획되고 실행됨에 있어서 임파워먼트 모델의 토대 위에서 진행되었다는 사실이다.

임파워먼트 모델을 적용한 평택북부장애인복지관의 두 번째 사례로 서비스이용자가 가지고 있는 직업적 강점을 기반으로 활발하게 추진하고 있는 직업재활서비스를 들 수 있다. 기억에 남는 사례는 다음과 같다. 2019년 직업적응훈련반을 이용하는 이○○씨는 훈련반의 하루일과가 마무리 되는 청소시간에 가장 바쁘게 움직인다. 빠르고 깨끗하게 머리카락 한 올도 나오지 않게 화장실 청소를 하고 다른 훈련생들의 청소를 도와주기 위해서다. "저는 청소하는 게 좋아요. 그냥 더러워지는 게 깨끗해지고 자리를 찾아가는 게 보기 좋아요" 라고 늘 밝은 미소로 이야기를 하는 이○○씨였다. 정리정돈 하는 것을 즐겨하고 체력이 좋고, 초행길의 대중교통 이용에도 무리가 없고, 사회성이 매우 우수한 이○○씨의 강점을 기반으로 평택 내에 위치한 병원 구내식당에 식당보조로 취업을 지원하였다. 취업과정에서 경험해보지 않았던 직무에서 오는 낯섬, 힘듦이 있었으나 이내 원만하게 적응하여 주위 동료들에게 없으면 안될 존재로 자리매김 할 수 있었다.

임파워먼트 모델을 적용한 평택북부장애인복지관의 세 번째 사례이다. 탈시설로 인한 발달장애인의 지역사회 돌봄이 강조되고 중·고령 발달장애인의 인구 증가로 인해 장애와 노인의 이중위험에 있는 발달장애인에 대한 지원이 사회적으로 이슈화 되고 있다. 이에 따라 평택북부장애인복지관에서는 중·장년 발달장애인의 지역사회 적응과 건강한 노년기로의 전환을 지원하는 평택시 최초의 중·장년 발달장애인 자립생활지원사업을 진행하고 있다.

중·장년 발달장애인 자립생활 프로그램은 만35세~60세의 발달장애인을 대상으로 하고 있다.

자립생활에 필요한 이론교육과 지역사회 활동에 필요한 실습을 진행하고 있으며, 안전 및 위기관리, 금전관리, 가사 및 위생관리, 사회적기술, 지역사회참여 등 다섯 가지 영역에 대한 자립생활 기술을 습득하고 의료시설에 대한 접근성을 높여 안정적으로 노년기를 준비할 수 있도록 지원하고 있다.

또한 장애의 유무와 상관없이 생애주기가 전환되는 시기에는 다양한 신체 및 심리변화가 나타난다. 조기노화를 겪는 발달장애인 역시 신체변화, 우울 등을 겪을 수 있으며, 미래에 대한 걱정을 안고 있을 수 있다. 이러한 변화를 건강하게 받아들이고 대처할 수 있도록 심리, 정서지원 프로그램을 함께 지원 중이다.

사업에 참여한 중·장년 발달장애인들은 가사활동에 필요한 다양한 기술 습득을 통한 자립생활 전반에 대한 적응력을 높이고 지역사회 내 문화시설을 경험하고, 소비계획을 세우며 직접 물건 구매하는 활동을 통해 사회활동 영역을 확장할 수 있었다. 또한 막연한 독립과 자립에 대한 생각에서 실생활에 적용이 가능한 교육 및 실습을 통해 자립생활에 도움을 얻고 있다.

중고령발달장애인 자립생활교육 '생활의 참견'

중·장년 발달장애인의 자립생활과 건강한 노년기 전환을 지원하여 안정적인 지역사회 적응 향상과 사회참여를 통한 보통의 삶을 살아갈 수 있도록 지원하고 있다.

평택북부장애인복지관의 노력은 장애인 당사자에게만 국한되어 있지 않고 더 나아가 장애자녀를 양육하는 보호자, 가족에게까지 그 범위를 확장하여 지속적으로 이루어지고 있다.

장애인이 건강한 사회구성원으로 살아가기 위해서는 1차 지지체계인 가족과 그 가족을 이루고 있는 가족 구성원을 대상으로도 전문적인 서비스가 제공될 필요가 있을 것이다.

평택북부장애인복지관은 장애 가족 대상의 전문적인 교육 서비스 지원을 통해 가족 역량 강화를 도모하고 있으며, 이러한 지원을 통해 장애인 당사자가 건강한 사회구성원으로서 자립할 수 있는 기반이 마련될 것을 기대하며 최선을 다하고 있다.

발달장애자녀 보호자가 그리는 자녀의 미래는 어떤 모습일까? 어느 시기부터 자녀의 자립을 준비하여야 할지, 준비할 시기가 되었다면 어떤 방식으로 준비하여야 할지 막막하기만 하다. 당장 아무런 준비가 되지 않은 상태의 보호자들 앞으로, 별안간 '장애인 탈시설화'라는 이슈가 날벼락처럼 떨어지게 되며 보호자들은 더 큰 벽과 마주하게 되었다.

　누구도 자신이 장애자녀를 양육하게 될 부모가 될 것이라고 미리 예측하고 준비했을 사람은 없다. 예고없이 찾아온 장애자녀의 양육.. 사랑하는 자녀가 성장하는 모습 자체만으로도 기쁨을 느끼는 순간도 있었을 것이나 많은 시행착오를 겪으며 좌절하고 무너지는 순간도 많았을 것이다. 이러한 시행착오는 자녀의 생애주기에 따라 다양한 형태로 갑작스럽게 찾아오게 될 것이며, 빠르게 변화하는 장애인복지의 흐름을 따라가는 일 또한 매우 버겁기만 하다. 이에 건강하게 대처하기 위해서는 꾸준한 부모교육과 다양한 정보, 그리고 든든한 조력이 필요하다.

　이러한 발상에서 출발한 '자녀자립 지원교육 〈홀로그램〉'이 있다. '홀로그램'이란 '실물과 똑같이 입체적으로 보이는 사진'을 의미하는 단어이다. 보호자들에게 전문적인 교육 서비스를 지원함으로써 자녀의 미래를 눈에 그려지듯, 마치 홀로그램이 눈앞에 펼쳐진 듯 구체적으로 그려볼 수 있길 바라는 염원을 담아 〈홀로그램〉 이라는 이름으로 교육서비스가 기획되었다.

 '자녀자립 지원교육 〈홀로그램〉'은 발달장애자녀의 자립을 주제로, 그 동안 경기도 남부지역에서 쉽게 만나볼 수 없었던 각 분야의 전문가를 초빙한 전문교육 그리고 선진기관 및 자립생활지원주택 견학으로 이루어진 전문교육 서비스이다.

 실제로 중증발달장애자녀를 독립시킨 보호자에게 듣는 생생한 사례, 자녀의 자립을 준비하기 위한 분야별 전문정보, 자녀의 자립을 준비하는 부모로서 가져야 할 마음가짐과 자세, 실제 독립생활 중인 발달장애인의 주거공간 견학 등 교육을

〈홀로그램〉 시즌 1 내용

| 구 분 | 교 육 내 용 | 강 사 |
|---|---|---|
| 1회차 | **[내 자녀는 자립이 준비되어 있다.]**<br>- 내 자녀의 조력자 되기<br>- 자녀의 손을 내려놓을 수 있는 용기 | 아우름강동<br>장애인부모회 임원진 |
| 2회차 | **[내 자녀의 자립, 자립주택을 중심으로 I ]**<br>- 발달장애인이 자립하기 위해 필요한 것<br>- 발달장애인의 자립과 주거를 위한 다양한 정책 | 〈프리웰〉<br>김정하 이사장 |
| 3회차 | **[내 자녀의 자립, 자립주택을 중심으로 II ]**<br>- 발달장애인의 자립과 주거를 위한 다양한 정책<br>- 주거급여제도에 대해 이해하고 활용하기 | |
| 4회차 | **[무엇이 우리를 독립시키는가]**<br>- 지역사회에서 함께 살아가기 | 장애학생지원네트워크<br>김형수 사무총장 |
| 5회차 | **[자녀자립을 위한 자조모임, 우린 이렇게 해요.]**<br>- 자녀자립을 준비하기 위한 자조모임의 필요성<br>- 지역기관 및 단체에 요구하기 | 아우름강동<br>장애인부모회 임원진 |

통해 발달장애인의 생생한 자립현장의 소리를 직접 듣고 살펴볼 수 있도록 다양한 서비스를 지원하고 있다.

2022년 첫 출발하여 어느덧 3기 교육이 진행되고 있는 〈홀로그램〉 교육을 통해 발달장애자녀 보호자들은 보호자 없이

〈홀로그램〉 시즌 2 교육 내용

| 구 분 | 진행내용 | 강 사 |
|---|---|---|
| 1회차 교육 | **[자녀의 자립을 위한 준비운동Ⅰ]** 성인 발달장애인의 자립, 그 의미와 필요성 자립을 위한 자기결정권과 부모의 역할 | 전국장애인 표준사업장연합회 유찬호 사무총장 |
| 2회차 교육 | **[자녀의 자립을 위한 준비운동Ⅱ]** 발달장애인 생애주기별 지원 방안 도전적 행동 중재 및 긍정적 행동지원 | 중랑구발달장애인 평생교육센터 강진숙 센터장 |
| 3회차 교육 | **[자녀의 자립을 향한 첫 걸음Ⅰ]** 자녀를 위한 미래 설계 - 경제 분야 신탁의 정의 및 법률관계, 종류 | 한국자폐인사랑협회 장일영 대리 |
| 4회차 교육 | **[자녀의 자립을 향한 첫 걸음Ⅱ]** 자녀를 위한 미래 설계 - 직업 분야 진로설정과 취업준비, 중증장애인의 취업 | 커리어플러스센터 성희선 센터장 |
| 5회차 교육 | **[자녀의 자립을 향한 첫 걸음Ⅲ]** 자녀를 위한 미래 설계 - 주거 분야 경기도 자립생활체험홈 및 주택현황, 주거 관련 제도 | 누림센터 자립전환지원팀 김나련 팀장 |
| 6회차 교육 | **[한 걸음 더 나아가기]** 발달장애자녀 개인맞춤활동형 생애포트폴리오 설계의필요성·작성방법 | 〈주식회사 안정〉 정은미 대표 |

는 살아갈 수 없는 연약한 존재로 바라보았던 '내 자녀'의 손을 조금씩 내려놓는 용기를 가지며 자녀를 조금은 더 주체적인 존재로 바라보게 되었다. 이제는 무거운 마음을 조금씩 내려놓고 자녀의 삶과 마주하고 함께 성장하며 자녀의 자립을 향해 한 걸음 한 걸음 천천히 나아가고 있다.

〈홀로그램〉시즌 3 교육 내용

| 구 분 | 교육내용 | 비 고 |
|---|---|---|
| 1회차 | **[자녀의 삶과 마주보기 I ]**<br>발달장애인에게 동반되는 정신장애 유형 및 관련 약물 장기간 약물복용 시 알아야 할 점 | 경기도남부지역 장애인보건의료센터 |
| 2회차 | **[자녀의 삶과 마주보기 II]**<br>장애자녀를 둔 가족의 생애주기 이해하기<br>자녀의 생애주기에 따른 지원방향 및 교육 알기 | 중랑구발달장애인 평생교육센터 강진숙 센터장 |
| 3회차 | **[자녀의 삶과 마주보기 III]**<br>도전적 행동 중재 및 긍정적 행동지원 알아보기<br>긍정적 행동의 지원 전략 살펴보고 적용하기 | |
| 4회차 | **[자녀와 함께 성장하기 I ]**<br>자녀의 성적 자기결정권<br>– 자녀의 성에 대한 태도와 가치 탐색하기<br>– 자녀의 성적 자기결정권 이해 및 사례 공유 | 한국가족성상담센터 '톡톡' 이혜진 강사 |
| 5회차 | **[자녀와 함께 성장하기 II]**<br>자녀의 권리옹호자로서의 역할 수행하기<br>– 디지털 성범죄 문제와 예방<br>– 자녀의 이성교제와 결혼 | |
| 6회차 | **[자녀와 함께 성장하기 III]**<br>내 자녀의 '자기다운 삶'을 위한 사람중심 생각<br>자녀의 지역사회 자립을 위한 서포트 패러다임 | 삼육대학교 사회복지학과 윤재영 교수 |

'강사님들 모두가 제겐 어벤져스같은 분들을 보는 듯한 기분으로 부모로써 정말 감사하고 영광이었습니다. 그 애써주심들이 고스란히 제게 전달되었고 있는 그대로 좋은 에너지가 되어주셨어요. 그런 자릴 마련해주신 복지관에게 너무 감사드리고 앞으로의 교육도 기대하고 있습니다', '내 자녀가 성인이 되고나서의 삶이 궁금해지게 되었고 많은 생각을 하게 되었습니다', '우리 애에게 자립이라는 건 그저 불가능한 일이라고만 생각했었는데 이젠 아니에요. 교육이 저에게는 신선한 충격이에요. 생각이 완전히 바뀌게 되었어요. 지금부터라도 내 자녀의 자립을 준비해보려고 해요.'

위의 소감들은 〈홀로그램〉에 참여한 보호자들로부터 접수된 참여소감 중 일부를 발췌한 내용들이다.

'내 자녀보다 하루만 더 사는 게 소원이에요'라고 늘 이야기하던 보호자들. 언젠가는 자녀의 미래를 마치 〈홀로그램〉처럼 선명하게 그려볼 수 있도록, 자녀의 미래를 떠올렸을 때 막막함보다는 기대와 설렘이 앞설 수 있도록 평택북부장애인복지관은 앞으로도 최선을 다하여 보호자들의 든든한 조력자로서의 역할을 수행하려고 한다.

홀로그램 교육

홀로그램 기관견학

이렇게 평택북부장애인복지관의 사업 수행에 전면적으로 적용하는 임파워먼트 모델에는 다음과 같은 몇 가지 원칙들이 있다. 이는 복지관의 내부 규정과 같이 구체적으로 명문화하여 제시되지는 않았으나 이미 실시되었던 복지관의 사업들을 살펴보면서 그 속에 내재된 사업 수행 내용 가운데서 역으로 발견하여 도출한 원칙들이다. 그러니까 아래에 제시한 원칙들은 평택북부장애인복지관에서 일하는 사회복지사와 실천가라면 모두가 다 내면화시켜 실행에 옮기는 기초적인 사업 원칙이라고 할 수 있다.

첫째, 장애인 서비스이용자를 격려하고 그들의 실질적인 욕구를 파악한다는 것이다.

평택북부장애인복지관에서 사회복지실천을 수행하는 사회복지사는 장애인 서비스이용자가 자신의 문제에 대처하는 능력을 향상시키고, 사회변화에 적응하고 대처하는 능력을 함양하게끔 돕거나 문제를 해결하기 위해서 임파워먼트 모델을 적극 활용한다. 그럼으로써 복지관을 이용하는 장애인 서비스이용자를 격려하여 자신의 문제나 욕구를 파악하도록 할뿐만 아니라 억압 받고 있거나 자기역량이 되어 있지 못한 상황에 대해서도 장애인 서비스이용자가 이해할 수 있도록 한다. 따

라서 평택북부장애인복지관의 사회복지실천은 장애인 서비스
이용자의 문제를 해결하려는 핵심적인 접근이 된다. 동시에 억
압이나 좌절과 소외 등을 경험하는 것을 예방하기 위한 방법
이 되기도 한다.

둘째, 강점 중심의 사정을 한다는 것이다.

장애인 서비스이용자의 기본적인 욕구(예: 의식주, 그리고
경제·정서적 지원 등)를 해결하기 위해 서비스이용자의 기본
적인 욕구가 무엇인지를 당사자의 입장에서 확실하게 파악하
려고 애쓴다. 장애인 서비스이용자 자신이 진정으로 원하는
기본적인 욕구와 이를 해결하기 위해 당사자 스스로가 규정
하는 자신의 문제에 대한 정의를 인식하게끔 돕고, 문제 해결
을 위한 동기를 부여해주는 노력 등 장애인 서비스이용자의
일상적인 경험 세계를 공유할 수 있도록 공감적인 반응을 취
한다. 이를 통해 억압과 피해의식의 해소를 최대화한다. 장애
인 서비스이용자에게 가해진 억압의 원천과 자기 자신을 탓
하는 내면적인 고통을 객관화시켜 이끌어냄으로써 정신적인
안정과 자기존중을 유지하게끔 한다. 평택북부장애인복지관
의 강점 중심 사정은 이와 같은 실질적인 사정의 내용들을 산
출하고 있다.

셋째, 평생에 걸쳐 교육과 일상생활 기술 습득, 다양한 삶의 기회를 지속적으로 제공해야 한다는 것이다.

평택북부장애인복지관은 장애인 서비스이용자로 하여금 생애 전 생활주기마다 필요한 사회적 교육을 받을 수 있게끔 최선을 다한다. 또한 일상생활 속에서 필요로 하는 여러 기술들, 일상적으로 생활하는 가운데에 경험하는 다양한 문화적 경험 등을 접할 수 있는 기회를 제공하는 일 등을 통해 장애인 서비스이용자의 문제해결 능력을 강화하고, 이용자 스스로 자신의 인생 방향을 정할 수 있는 능력을 향상시키고자 노력한다.

넷째, 동반자 의식에 기초한 실천을 수행한다.

평택북부장애인복지관은 사회복지사 또는 실천가와 장애인 서비스이용자 간에 이뤄지는 상호작용이 상하 형태의 권위적인 구조가 아니라 철저하게 동반자적인 관계를 형성하도록 애쓴다. 즉, 동반자 의식에 토대를 둔 사회복지실천을 수행한다. 이를 통해 장애인 서비스이용자가 바람직한 장애 정체성을 자각하게끔 도우며 복지관에서 진행되는 '치료, 재활, 여가, 문화, 사회, 직업 등의 분야별 교육'에 대한 의욕을 불러일으킨다. 나아가 좋은 대인관계 태도를 형성하기 위한 훈련, 사회복지사와 서비스이용자 사이의 평등, 균형, 그리고 동등한 관계라는 의식을 만들어 나간다.

이상과 같은 평택북부장애인복지관에서 지향하는 임파워먼트 모델의 실행 원칙들을 통해 장애인 서비스이용자가 자립해 가며 자기성취를 이뤄나가는 것이다.


## 3. 진정성 있는 사례관리 실천의 수행

평택북부장애인복지관에서 시행되는 사례관리는 평택시에 거주하는 장애인과 그 가족의 욕구, 서비스 내용과 생애주기 등에 따라 다양한 형태로 이루어지고 있다. 복지관 내에서 기능강화서비스를 받고 있는 장애인에 대한 사례관리가 가장 기본이며 일반적이다. 또한 복지관의 취업알선을 통하여 취업이 이뤄진 장애인 서비스이용자에 대한 사례관리, 재가·문화·여가 서비스 이용자에 대한 사례관리, 지역사회 네트워크를 중심으로 한 통합적인 심층사례관리 등이 체계적이며 전문적으로 진행된다.

평택북부장애인복지관에서의 사례관리는 사정 및 계획수립

과정에서 여러 관련 영역 전문가(사회복지사, 임상심리사, 특수교사, 언어치료사, 장애인재활상담사 등)가 참여하여 사례관리자와 장애인 서비스이용자의 표출된 욕구뿐만 아니라 각 영역 전문가들의 활발한 논의를 통하여 생애주기별로 요구되어지는 기능과 역할에 대한 광범위하면서도 실질적인 접근이 이루어지고 있다.

또한 사례회의 과정에서 장애인에 대한 복합적이고 다양한 개입을 위해 사례관리자와 슈퍼바이저를 비롯하여 장애관련 다 영역 전문가들의 통합적인 슈퍼비전에 의해 효율적인 개입 방안에 대한 심도 있는 점검이 이루어진다. 아울러 복지관 내부에 각종 치료, 교육, 직업 등 기능강화지원을 위한 기반이 마련되어 있어 다차원적이며 실용적인 개입실천이 용이하다.

사례관리 업무수행은 평택북부장애인복지관의 상담사례지원팀에서 담당하고 있으며 사례관리 대상자들에게 제공되는 맞춤형 통합서비스를 설계하고, 실행, 점검 및 평가하는 임상적 역할을 수행한다. 복지관 내부적으로는 사례관리의 내부 운영체계의 구축을 위한 기관 정책 건의, 사례관리 전 과정 총괄, 사례관리 연관 부서와의 협력 개발, 기관 내부 자원 조직화, 슈퍼비전 체계 구축, 사례회의 등을 수행한다. 그리고 복지관 외부적으로는 지역사회와 함께하는 통합 사례관리팀 조직화 지원, 통합사례회의 개최, 지역사회 자원 조직화를 위한 협력 등의 기능을 수행한다.

　평택북부장애인복지관의 사례관리 실천은 장애인 서비스 이용자의 욕구가 장애로 인해 생겨난 욕구, 욕구가 심각한 상태, 그리고 이 욕구가 서비스이용자의 기능 전체에 영향을 미쳐 욕구가 확대될 가능성이 있는 경우 등에 적용한다. 또한 장애를 가지고 있는 서비스이용자로서 다양한 관계에서 나타난 문제를 해결하기 위한 서비스를 제공받기 위하여, 복지관에서 제공하는 여러 분야별 교육과 훈련의 목표를 수립하기 위하여, 그리고 장애가족의 실질적인 어려움을 해결하기 위한 경우 등 광범위한 활동 영역에서 사례관리 실천이 수행된다. 예를 들면, 의료적인 치료와 보호, 장애인 개인에 대한 서비스 제공, 교통수단, 치료와 재활, 교육, 직업훈련, 레크리에이션 및 여가활동, 영양관리, 자립생활과 사회서비스 연계 및 지원 등 다양한 영역에서 사례관리 실천이 진행되는 것이다. 그래서 평택북부장애인복지관의 사례관리는 장애인 서비스이용자의 욕구 충족을 위해 서비스의 내용이 포괄적이며, 지속적이며, 동시에 타 서비스와의 협조와 연계가 요구되는 특징이 있다.

이는 사례관리의 특성에 부합하는 매우 모범적인 실천임을 반
증한다.

한편 평택북부장애인복지관의 사례관리는 장애인 서비스
이용자에게 적합한 서비스를 결정하는 데에 총력을 기울인다.
그 결과 다음과 같은 장애인 서비스이용자의 삶의 상황들을
충분히 고려하면서 사례관리 실천을 수행한다.

첫째, 평택북부장애인복지관의 사례관리는 심각한 장벽 혹
은 불리한 상황에 놓여 있는 장애인 서비스이용자를 보통의
상태로 변환시키기 위한 서비스를 제공한다. 그러면서 동시에
이미 기존에 받아왔던 사회복지실천의 방법과 치료 및 재활
등을 통해서 문제를 해결해왔던 생활방식을 비난하지 않는다.
타 기관들의 사회복지실천과 치료, 재활 등과 같은 서비스들
을 인정하면서 '지금-여기'에서의 위기개입적인 상황 가운데
평택북부장애인복지관의 역할과 기능을 온전히 감당하려는
자세를 견지한다.

둘째, 평택북부장애인복지관은 장애로 인해 신체적, 정신
적, 사회적 기능에 손상을 입은 경우에는 장기간의 서비스가

요구되며 동시에 서비스이용자의 문제가 완전히 해결되기란 쉽지 않기 때문에 사례관리 서비스의 지속적인 적용이 필요하다고 본다.

특히 장애인 서비스이용자는 자신의 부족한 대처기술, 낮은 자존감, 그리고 자원과 서비스에 대한 부족한 정보로 인해 욕구를 해결하는 일이 가능하지 못할 경우가 빈번한데, 이는 하루아침에 단기간에 해결될 수 없음을 평택북부장애인복지관은 수용한다. 이에 장기적이면서도 지속적인 사례관리를 진정성 있게 추진하는 것이다.

셋째, 평택북부장애인복지관은 장애인 서비스이용자의 사회지원 체계가 실질적으로 가동되도록 애쓴다. 왜냐하면 장애인 서비스이용자의 욕구는 서비스이용자인 장애인 당사자의 연계망 안에서 가족, 친구, 그리고 다른 사람들과의 관계를 통해 자연히 욕구가 해결되는 것이 아니기 때문이다. 그 이유는 서비스이용자에게 가능한 사회지원체계가 장애인 서비스이용자의 욕구 수준을 저절로 맞춰가지 않기 때문이다. 아무리 좋은 사회적 자원들이 있다고 해도 장애인 당사자의 활용 역량이 낮을 경우 '그림의 떡'과 같이 될 수 있는 것이다. 이에 평택북부장애인복지관은 다양한 사회지원 체계가 실제로 장애인 서비스이용자에게 의미 있고 유용하게끔 구체적으로 발굴하고 연결하여 지속적인 관계망을 형성하는 데에 초점을 모은다.

넷째, 평택북부장애인복지관은 사례관리 대상 서비스이용자야말로 많은 강점과 대처 기술을 가지고 있다는 사실을 놓치지 않는다. 장애 현상을 갖고 있는 사람들일지라도 잠재된 재능이 있으며 스스로 자신을 회복시킬 수 있는 자활능력을 갖고 있을 뿐만 아니라 다양한 사회구성원들과 협력하고 연대하는 사회적 응집력을 발휘할 수 있다는 것이다.

그러므로 평택북부장애인복지관의 사례관리를 감당하는 사회복지사와 모든 직원은 장애인 서비스이용자를 격려하고 지원함으로써 서비스를 위한 계획을 수립하고 서비스를 관리하는 모든 과정을 통해 서비스이용자 자신의 역할을 스스로 수행할 수 있도록 돕는다. 아울러 장애인 서비스이용자의 자기결정과 서비스이용자의 가치가 실질적인 사례관리 서비스 계획에 반영되도록 노력한다.

이와 관련하여 평택북부장애인복지관에서는 자녀에 대한 애정 및 관심도가 매우 높으나 정신장애로 인하여 충동적 행

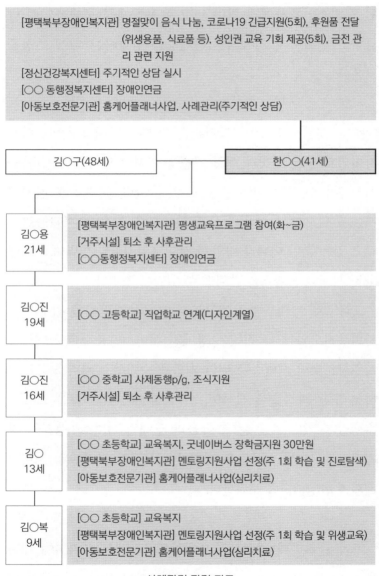

[평택북부장애인복지관] 명절맞이 음식 나눔, 코로나19 긴급지원(5회), 후원품 전달 (위생용품, 식료품 등), 성인권 교육 기회 제공(5회), 금전 관리 관련 지원
[정신건강복지센터] 주기적인 상담 실시
[○○ 동행정복지센터] 장애인연금
[아동보호전문기관] 홈케어플래너사업, 사례관리(주기적인 상담)

김○구(48세)  ——  한○○(41세)

김○용 21세
[평택북부장애인복지관] 평생교육프로그램 참여(화~금)
[거주시설] 퇴소 후 사후관리
[○○동행정복지센터] 장애인연금

김○진 19세
[○○ 고등학교] 직업학교 연계(디자인계열)

김○진 16세
[○○ 중학교] 사제동행p/g, 조식지원
[거주시설] 퇴소 후 사후관리

김○ 13세
[○○ 초등학교] 교육복지, 굿네이버스 장학금지원 30만원
[평택북부장애인복지관] 멘토링지원사업 선정(주 1회 학습 및 진로탐색)
[아동보호전문기관] 홈케어플래너사업(심리치료)

김○복 9세
[○○ 초등학교] 교육복지
[평택북부장애인복지관] 멘토링지원사업 선정(주 1회 학습 및 위생교육)
[아동보호전문기관] 홈케어플래너사업(심리치료)

사례관리 관련 자료

사례관리 관련 자료

동 또는 약 복용으로 인한 무기력함으로 자녀들을 돌보지 못하는 가정을 대상으로 지역사회 내 유관기관들과 통합사례회의를 진행하여 사례공유 및 방향성을 설정하여 보다 전문적이고 진정성 있는 사례계획 및 실천개입을 수행하였다.

특히 성장기에 있는 자녀들의 지원을 위하여 특수교육지원청, 사례관리 대상자의 의료적 지원을 위한 정신건강복지센터, 해당 사례관리 대상자의 정기적인 돌봄 및 긴급지원을 위한 관할 맞춤형복지팀 등 사례관리 대상자뿐만이 아니라 해당 가정 구성원 모두 맞춤형 서비스가 지원 될 수 있도록 유관기관과 통합사례회의를 개최하여 자녀들의 올바른 성장을 도모하고 사례관리 대상자의 일상생활을 영위할 수 있도록 지원하며 소홀해진 가족의 유대관계가 증진될 수 있도록 지원할 수 있었다.

유관기관과 정기적인 모니터링 및 사례공유로 향후 방향성을 설정하여 보다 다각적인 사례개입이 될 수 있었으며 적극적인 지역자원 활용과 더불어 유관기관과의 관계유지를 통해 지역사회 내 강점기반 사정과 더불어 맞춤형 서비스로 사례관리 과업을 수행하는 장애인복지의 거점 역할을 수행하였다.

## 제3장

지역사회 중심의 사회복지실천 하기

사회복지시설 중 장애인복지관은 장애인 서비스이용자와 보호자 및 가족, 서비스를 제공하는 사회복지사를 비롯한 여러 전문 실천가들, 지역사회의 유관 조직과 자원들, 중앙정부 및 지자체를 비롯한 공공의 지원체계 등이 유기적으로 어우러져 서비스가 형성되고 전달되는 지역사회 수준의 종합 사회서비스 거점 기관이라 할 수 있다.

현재 당사자인 장애인의 인권이 강화되는 경향 속에서 사회복지실천 패러다임은 공급자 중심에서 수요자 중심으로 변화하였다. 그 결과 서비스이용자들이 지역사회 속에서 주체적으로 선택하고 활용하는 사회복지실천이 일반화되고 있다. 이런 가운데서 평택북부장애인복지관은 설립 초기 때부터 지역사회를 삶의 터전으로 삼아 그 속에서 장애인들이 자기 의사결정의 권리를 자유롭게 행사하면서 다양한 사회자원을 누릴수 있도록 노력해왔다. 즉 지역사회 중심의 장애인과 함께 하는 사회복지실천을 추구하는 것이다.

## 1. 지역사회 중심 관점 모델

평택북부장애인복지관은 장애 문제를 개인에게만 초점을 두는 것이 아니라 다양한 지역사회의 기능과 현상 속에서 발생하는 각종 문제를 지역사회의 관점에서 초점을 맞추어 다루고 있다. 평택북부장애인복지관이 지역사회 중심의 사회복지 실천을 수행할 때, 기본적인 이해는 장애를 가지고 있는 개인은 광의의 지역사회 혹은 장애인 사회의 한 구성원으로서 혹은 일부분으로서 자신을 생각하고 있다는 것이다. 아울러 장애를 가지고 있는 개인들의 경우, 자신을 확인하는 데 있어 우선적으로 자신들의 제한, 조건 혹은 손상을 공유하는 다른 사람들과 관련하여 다른 장애인들과 함께 자기 자신들을 확인하게 된다는 것이다. 일부의 사람들은 자기 자신을 장애인으로서 확인하지 못하는데, 이는 장애인 세계의 일부분으로서 자신들의 존재를 받아들이지 못하기 때문인 것이다.

어떤 한 사람을 이해한다는 것은 그 사람을 둘러싸고 있는 지역사회의 특성, 그 사람이 갖고 있는 관심 영역, 다른 사람들이 지역사회로부터 받은 영향에 따라 형성된 제각각의 실질적인 개성 등을 고려함으로써 가능하며 동시에 이와 같은 지역사회의 여러 요인들을 파악하는 것이 지역사회를 이해하는 가장 쉬운 방법이 된다. 제각각 사람들은 몇 가지 지역사회에 속해 있다. 이들 지역사회 가운데 몇몇은 특별한 지리적인 지역에 기초하고 있다. 그러나 다른 지역사회들은 흥미로운 일 혹은 관심사를 공유하는 것에 의해 혹은 직업에 의해 그리고 다른 특성들에 의해 결정된다.

평택북부장애인복지관은 평택시라고 하는 지리적인 지역사회가 위치한 지역의 경계와 평택시 내에서의 특별한 지역 그리고 사람들이 지역성에 대한 특별한 관심과 단단하게 엮어있는 관계를 공유하고 있다. 또한 가족과 친척, 친구, 직장 동료, 학급 동료, 그리고 조직의 구성원 등을 포함하는 사회적 연계망에도 주목한다. 평택북부장애인복지관은 사회적인 연계망이야말로 장애인 서비스이용자들에게 필요한 자원과 서비스를 지원하는 데에 큰 힘이 되며 더욱이 당사자들이 갖고 있는 여러 관심사에 대한 흥미를 공유하는 것을 좋아한다. 나아가 장애인 당사자들과 함께 평택시에 거주하는 장애인들을 옹호하기 위해 단결하고 있다.

특히 평택북부장애인복지관을 거점으로 하여 장애인과 함께 하는 사회복지실천으로 공유된 작은 지역사회로서, 서비스의 내용에 대한 관심과 흥미를 공유하는 사람들의 집단이 활발하게 형성되고 있다. 이렇게 복지관을 토대로 관심과 흥미 등으로 공유된 작은 지역사회는 일정한 지역적인 장소에 얽매이지 않는다. 인터넷과 SNS 등을 비롯한 온라인 공간, 메타버스 체제 등 여러 혁신적인 디지털 과학기술이 평택북부장애인복지관을 플랫폼으로 하여 관심과 흥미 등을 공유하는 다양한 모습의 지역사회를 만들어 내고 있다.

한편 지역사회 중심 관점 모델에 입각한 사회복지실천은 평택북부장애인복지관의 사회복지사와 실천가로 하여금 협력, 지역조직화, 교육, 중재, 연계, 옹호 등과 같은 전문적인 실천기술을 발휘하게 한다. 아울러 평택북부장애인복지관은 지역사회 중심의 사회복지실천을 수행할 때, 몇 가지 전략들을 실행한다. 첫째, 지역사회의 문제를 확인하고 그에 따라 향후 도출될 바람직한 결과를 예측하기, 둘째, 변화를 위한 표적 체계를 결정하기, 셋째, 복지관에 친화적인 우선적인 지지자들, 가장 많이 우군으로 고려하고 있는 사람들을 확보하고 결정하기, 넷째, 지역사회를 대상으로 하는 복지관의 사회복지실천 상 고려하여야 할 범위와 수준을 결정하기 등이다.

## 2. 자조집단 모델

평택북부장애인복지관은 변화하는 지역사회의 형태들 가운데 가장 오래되고 가장 효과적인 모델이 자조집단이라고 보고, 자조집단들을 활성화해왔다.

이와 관련하여 자조집단 모델을 가장 잘 적용한 것이 "시민옹호인과 발달장애인의 소통프로젝트, 통(通)그라미"사업이다. 이 사업의 목적은 지역주민과 발달장애인이 네트워크 조직을 구성하여 함께하는 지역사회 활동 진행을 통해 시민옹호인은 발달장애인의 일상생활 속 옹호자가 되어 그들의 선택과 결정을 응원하고 지역사회 활동증진·사회참여를 지원하며 발달장애인이 자신의 목소리를 내고 지역 내에서 일상적 옹호 활동이 가능한 환경변화를 도모하고자 하는데 있었다. 사업은 성인전환기 발달장애인과 비장애 청소년(고등학생)이 참여하였다.

이 사업은 비슷한 또래의 고등학생 청소년들이 사업에 참여하여 또래 문화를 함께 나누고 공감하며 청소년 특유의 공감대 형성이 잘 되어 원만하게 진행될 수 있었다. 또한 비장애 청소년을 모집함에 있어 사업 참여 목적에 대해 개별적으로 작성할 수 있도록 하여 서류 심사 후 가장 적합한 참여자를 선정할 수 있었다. 그 결과 발달장애인의 옹호 활동에 대한 공감을 바탕으로 시민옹호인과 발달장애인이 함께하는 활동이 될 수 있었다.

사업 초기 발달장애인에 대한 이해도가 없는 비장애 청소년들을 위해 다양한 교육을 진행하여 기본적인 소양을 갖추고 함께 활동할 수 있도록 지원하였다. 자원봉사자 기본 소양교육을 시작으로 장애인식개선교육, 발달장애인에 대한 이해, 자기결정권, 발달장애인과의 의사소통 기술, 권익옹호교육을 통해 발달장애인을 이해하고 함께 활동할 수 있는 소양을 갖출 수 있게 되었다.

교육을 통해 장애인에 대해 잘못 알고 있던 것과 편견이 해소되었고 발달장애인이 피하고 싶은 사람에서 다가가고, 알고 싶은 사람으로 변했다는 소감을 들을 수 있게 되었다.

시민옹호 활동을 월 1회 진행하였으며, 발달장애인과 비장애 청소년들이 소그룹으로 회의를 통해 각자의 역할을 정하고 활동 내용을 결정하는 방식으로 진행하였다. 이 부분에서 사

시민옹호인과 발달장애인의 소통 프로젝트 '통그라미'

회복지사는 시민옹호 활동이 원활히 진행될 수 있도록 조언과 지원, 자원연계 등의 전문가적인 역할을 수행하였다.

결과적으로 이 사업을 통해 발달장애인은 자신의 목소리를 내고 지역사회에 살아갈 수 있는 구성원으로서의 역할을 하게 되었고 청소년 시민옹호인은 발달장애인의 일상생활 속 옹호자가 되어 사회참여 활동을 진행하며 자조적 모임을 활성화했다는 점에서 큰 성과를 이뤄냈다고 본다.

이와 관련된 두 번째 사례로 평택북부장애인복지관에서 복지관을 통해 취업한 장애인들을 대상으로 2015년부터 현재까지 '직장인'이라는 공통점 아래 매월 1회 정기적으로 자조모임을 진행하고 있다.

자조모임을 통해 근로현장에서 느낀 어려움 등을 구성원들끼리 이야기하며 여가활동을 통해 스트레스를 건강하게 해소하고 더 나아가 장기근속 유지에 목적을 두고 있다.

처음 자조모임 진행 시 담당 사회복지사의 개입이 잦았다. '기타연주'를 목표로 회기가 진행되었으며 점차 자조모임에 대한 의미를 되새기고 방향성을 찾기 위해 담당자와 구성원들이 노력하였다. 예를 들면 자조모임 진행 규칙 만들고 자조모임

취업자 자조모임

주제 선정 시 구성원들이 가장 희망하는 활동으로 선정하기 위해 투표절차를 거쳐 정하는 등 진정성 있는 자조를 실현하기 위한 행동이라 할 수 있다. 현재 구성원들이 자조모임이 진행되는 단계에 대한 이해가 높아 담당자의 개입이 최소화 되어도 주제 선정, 일정 조율, 모임 장소 선정, 자조모임 당일날 진행 등이 순조롭게 이뤄지고 있다. 자조모임을 자조모임답게 진행하기 위해 구성원과 담당자의 협력적 관계 형성, 구성원의 관심과 애정, 담당자의 헌신적인 사업 수행과 더불어 이 모든 자조모임을 지속적으로 유지해 나갈 수 있는 충분한 시간을 제공하는 것이 필요하다.

이와 같은 평택북부장애인복지관에서 형성하여 지속적으로 기능하게끔 지원하는 자조집단들은 장애인 서비스이용자들로 하여금 그들의 가족, 지지자 및 봉사자 등 관련 사람들에 의해 자기 주체적인 삶으로 이끌어진다. 공동의 문제와 관심을 공유하고 있는 각자 구성원들로부터 상호 결속력과 공동목표를 전달하고 동시에 전달받기 위해, 자원과 정보, 기회 등이 제공된다. 특정한 문제, 경험, 그리고 다른 사람들로부터의 지원이나 원조를 끌어들이고자 하는 욕구를 가지고 있는 개인은 자신의 문제와 관심을 공유하게 된다.

평택북부장애인복지관은 자조집단이 지속되게 해서 집단 성원들의 욕구가 집단 활동을 통해 해결되게끔 적극 지원한다. 특히 장애인 서비스이용자의 중요한 쟁점들 가운데 하나가 자립생활이기 때문에 더더욱 자조집단의 활성화에 매진한다. 자조의 철학적인 토대는 무엇보다도 집단 성원들에게 강점, 자기 충족감, 개인적인 존엄성 등을 함양하는 데 있어 유용하다. 평택북부장애인복지관의 자조집단들은 장애인들의 자원을 연계하는 연계망의 중요한 부분이며, 지원, 옹호, 교육적인 기능 등을 수행한다.

평택북부장애인복지관의 자조집단에서 사회복지사들은 대체로 구성원이기보다는 외부자적 시각을 견지하며 집단 활동이 역동적으로 이뤄지도록 돕는 전문가의 역할을 감당한다. 사회복지사들은 집단을 조직하기 위해 구성원들을 자극하고, 집단의 구성원들에게 자문하고, 기본적인 조언과 지원 등을 제공한다.
또한 자원으로서 활용 가능한 도움을 찾아내고 잠재적인 집단 지도자를 확인하는 역할을 한다. 사실 자조집단의 구성원 혹은 같은 종류의 문제를 공유한 서비스이용자이면서 동시에 전문가인 경우가 많지 않다. 대체로 자조집단 내에는 같은 유형의 구성원들 가운데 지도자로서 집단성원들에게 도움을 제공할 수 있는 능력이 있는 사람, 특히 전문적인 역할을 수행할 수 있는 사람이 거의 없기 때문에 역할 수행 시에 갈등이 생겨날 수 있다. 이때, 사회복지사와 집단의 구성원들은 이러한 갈등으로부터 어느 정도의 스트레스를 경험하게 된다. 따라서 이러한 갈등은 개인의 역할이 지도자의 역할과 구성원으로서의 역할에 대한 구분과 확인을 위한 토론을 통하여 일반적으로 해결할 수 있다.

이에 평택북부장애인복지관은 사회복지사와 집단 성원들 간의 적극적인 의사소통을 권장한다. 구성원들은 사회복지사가 전문가로서 집단 활동에 참여하고 이야기하는 경우와 그가 집단의 구성원으로서 집단 활동에 참여하고 이야기하는 것을 구분하여 이해할 수 있음은 매우 중요하다. 집단의 구성원으로서 역할 혹은 전문가로서의 역할을 구분하는 일은 역시 사회복지사들에게도 중요한데, 우선적으로 사회복지사들은 집단의 구성원들에게 개인적인 상담가로서 혹은 조언을 하는 사람으로서 욕구가 존재하는 것을 인식하는 것이 중요하다. 그리고 집단의 동료들 가운데 한 사람으로서의 역할을 수행하는 경우에는 개인적인 정보나 관심 그리고 자신의 삶에 있어서의 경험들을 공유하는 데 편안한 마음으로 할 수 있으며, 일반적

으로 이와 같은 상황에서는 전문가의 행동의 일부분으로 생
각하지 않는다.

한편 자조집단에서 일어나는 동료 간 상호지지는 강력한 변
화의 동기가 된다. 이렇게 동료 지지의 핵심은 경험의 긍정적
결과를 공유하는 것이다. 이렇게 자조집단은 집단 성원 간 만
남을 통해 자립생활에 필요한 기능들을 향상시키기 위한 상호
지지를 기반으로 한다. 자신과 동일시 할 수 있는 상황에 처해
있는 동료 장애인에게 공유되는 집단성원 각자의 경험은 그
어떤 사회복지사의 조언보다도 더 강력한 조정 능력을 발휘하
게 된다. 특히 동료 지지는 장애인으로 하여금 자립심을 갖게
하는데 큰 도움이 될 뿐만 아니라 자신의 생활에 대한 책임감
을 불러일으킬 수 있다. 동료 지지를 통해서 장애인은 더 이상
다른 사람들의 자선의 대상이 아닌 자신이 스스로 책임질 줄
알게 된다.

또한 평택북부장애인복지관은 자조집단이 장애인들의 지역
사회 통합과 활발한 사회참여를 극대화하기 위해 토론의 초점
을 보다 거시적인 차원으로 확장시키기도 한다. 우선 개인 구
성원들이 자신들의 문제나 욕구를 이해하는 것에서부터 어떻
게 정치적이며 사회적인 과정을 이해할 수 있는지에 대한 보다

넓은 이해를 위한 토론으로 진화시킨다. 예를 들어 억압이나 피해 혹은 개인의 권리에 대한 악영향을 미치는 일들이 어떤 측면에서 일어나는지 등 구성원 전체에 직면하고 있는 장애현상과 관련된 사회문제를 논의한다. 이를 통해 장애 문제를 해결하기 위한 대안을 마련하는 내용으로 토론의 초점이 모아지도록 이끈다.

결국 지역사회 중심의 사회복지실천을 수행하는 평택북부장애인복지관의 사회복지사들과 실천가들은 자조집단들을 효과적으로 활용하여 사회 구조를 변화시키는 데에까지 관심을 쏟는다. 이에 따라 평택시라고 하는 지역사회에서 발생되는 장애 관련 문제들을 정의하고, 지역사회의 현황을 사정하며 지역사회의 구성원들을 지원하기 위한 사회복지실천 계획과 실행을 수행할 뿐만 아니라 장애인 서비스이용자의 권익을 보장하기 위해 적극적인 옹호 활동을 한다.

따라서 평택북부장애인복지관에서 사회복지실천을 수행하는 사회복지사는 대단히 적극적인 지역사회복지 수준의 개입활동을 해나간다. 지역사회에 산재해 있는 여러 조직들을 형성하고, 연결하며 필요한 정보를 제공해주거나 자문을 한다. 해결해야 할 지역사회의 장애인 문제를 해결하기 위한 연구

사업들을 공모하여 정부 및 지자체로부터 수탁 받아 수행하기도 하며 지역사회의 현안을 해결하는 각종 위원회의 위원으로 참여해서 실질적으로 정책 수정에 영향을 미치기도 한다.

그러면서도 평택북부장애인복지관을 통해 이뤄지는 지역사회 중심의 사회복지실천은 평택시에 있는 여러 장애인 집단과 장애인 당사자들의 협력과 연계 속에서 이루어진다. 그래서 그 실효성이 매우 크다. 이런 점에서 평택북부장애인복지관의 자조집단 활동은 장애인 서비스이용자들의 자원을 연계하는 데에도 효과적으로 활용된다. 아울러 평택북부장애인복지관의 자조집단에서 사회복지사들은 집단 성원이라기보다는 외부 전문가로서의 역할을 충실히 수행해야 할 책무를 감당한다. 그럼으로써 집단성원들의 주체성이 극대화되게끔 한다.

### 3. 옹호 모델

평택북부장애인복지관은 지역사회 중심의 사회복지실천을 수행할 때, 옹호 모델을 적극적으로 활용한다.

때때로 장애인 서비스이용자에게 제공되는 공공적 서비스

가 서비스이용자의 욕구에 적절하지 않거나 효과적이지 못한 경우가 있다. 공공의 재원으로 마련된 프로그램을 이용하기 위해 요구되는 항목들이 서비스이용자에게 해당되지 않는 경우가 많고, 이러한 경우 서비스의 혜택을 받을 수 없게 된다.

또한 오랫동안 순서를 기다려야 하는 경우, 순서를 기다리는 동안 해결해야 할 욕구를 해결하지 못하고 순서를 지나치는 경우도 있다. 특히 필요한 자료를 요구하기 위해 접근하는 것을 환경의 장벽으로 인해 차단당하기도 한다. 이때 장애인의 자기 역량 강화 혹은 세력화는 장애인 당사자 또는 장애인 서비스이용자의 자기존중을 강조하고 서비스이용자가 스스로 자신을 조절하며, 생활의 문제 상황을 극복하거나 조절하도록 돕는다.

이런 맥락에서 평택북부장애인복지관이 사용하는 옹호 모델은 장애인 서비스이용자 스스로 옹호할 수 없는 서비스이용자의 욕구를 다루는 데에 초점을 둔다. 실제로 장애인 서비스이용자가 가지고 있는 문제들은 적절하게 조사하기 어려운 일이다. 특히 지역사회 내에서 자신의 욕구를 충족하기 위해 가능한 자원을 쉽게 찾을 수 없으며, 뿐만 아니라 장애인 서비스이용자는 자신의 욕구를 충족하기 위해 효과적으로 스스

로 옹호하기가 어렵다. 더욱이 심각한 장애를 가지고 있는 서
비스이용자, 예를 들어 발달장애인이나 정신장애인의 경우 이
들은 외부의 세계와 단절되어 있거나 혹은 의사소통이 원활
하게 이루어지지 못하기 때문에 자신을 옹호하는 능력이 매우
부족한 사람들이다. 이때 평택북부장애인복지관의 사회복지
사는 옹호 모델을 활용함으로써, 장애인 서비스이용자가 속한
기관, 지역의 프로그램, 기금의 원천, 그리고 계획을 실시하는
기관 등에 대해 옹호활동과 관련된 사전활동의 역할을 수행
하게 된다.

옹호 모델을 활용한 평택북장애인복지관의 사회복지실천에
서는, 장애인 서비스이용자 자신이 자신의 욕구를 표현할 수
없는 경우와 자신의 욕구를 해결하기 위해 반드시 무엇을 해
야 할 것인지에 관해서도 알지 못하고 있는 장애인을 구분해
서 실천 개입을 수행한다. 욕구를 충족하기 위해 욕구를 표현
하는 것과 자신의 선택을 훈련하기 위해서는 최소한 3가지 능
력이 요구된다. 첫째, 이해하고 반응할 수 있는 정신적인 능력
이 가능해야 하며, 자신을 스스로 사정할 수 있는 능력이 있어
야 한다. 둘째, 다른 대안들에 대해 고려할 수 있는 능력과 행
동의 방향을 결정할 수 있는 능력이 요구된다. 셋째, 특정한

행동을 선택할 수 있는 능력이 있어야 한다.

실제로 취약한 장애인 서비스이용자는 언어적인 방법으로 의사소통을 하는 일이 가능하지 못하며, 간혹 이들 서비스이용자는 신체적인 기능 수행이 이루어질 수 없는 경우가 있다. 예를 들면 핸드폰을 사용하는 일, 정부나 공공기관을 방문하는 일, 서류를 작성하는 일 등을 제대로 해내지 못하는 경우가 대부분이다. 그러나 이들 장애인 가운데는 매우 드물긴 하지만 자신의 일을 잘 감당할 수 있는 능력이 있고, 자신의 욕구를 표현하고, 자신의 행동을 스스로 충분히 결정해서 실행할 수 있는 서비스이용자도 있다.

이렇게 장애 서비스이용자와 함께 사회복지실천을 해 나갈 때, 평택북부장애인복지관의 사회복지사는 서비스이용자의 욕구를 파악하고 지원하는 일과 앞으로 서비스이용자를 옹호하기 위해 어떻게 행동을 취할 것인지, 어떻게 행동의 방향을 결정할 것인지 등이 실천 개입의 기본으로 삼는다. 사회복지사는 우선 서비스이용자로부터 자신이 서비스이용자를 대신해서 옹호자의 역할을 수행해도 좋은지를 허락받은 이후에 서비스이용자의 이득과 서비스를 위해서 서비스이용자를 옹호하는 활동을 한다.

특히 평택북부장애인복지관에서 적극 활용하는 옹호의 개념은 "의견을 표현하는 일, 상호의견을 교환하고, 자기주장을 펴는 일, 협상, 환경을 조절하는 일 등"으로 말할 수 있다. 이에 따라 평택북부장애인복지관의 사회복지사는 서비스이용자의 복지와 최대한의 기능 수행을 위해 필요로 하는 자원과 서비스를 얻어내기 위해 옹호활동을 하게 된다. 사회복지사에 의해 수행되는 옹호는 서비스이용자에게 필요한 혜택과 서비스를 얻어내기 위한 방향으로 이루어지고 있는데, 이때, 서비스이용자는 옹호의 자격을 주는 사람이고, 옹호를 받는 사람이 아니라는 점을 기억해야 한다.

옹호 모델과 관련한 사업으로 시민옹호인 사업 '스몰스파크'는 지역사회 내 장애인과 비장애인으로 구성된 소모임 활동 지원을 통해 발달장애인의 일상생활 및 문화생활 등 사회참여를 지원하고 일상생활 속 옹호 활동을 지원하는 것을 목적으로 하였다. 발달장애인 당사자와 비장애 시민으로 구성된 소모임으로 발달장애인 1명과 비장애 시민 2명이 한 그룹으로 활동한다.

시민옹호인 사업 '스몰스파크'는 기존 장애인복지관 사업에

스몰스파크

서 시도했던 일방적인 기관 및 사회복지사 주도의 프로그램이 아닌 상호작용을 극대화한 프로그램으로 볼 수 있다. 소모임에 참여하는 발달장애인과 비장애인은 각자의 역할을 정하고 역할에 맞게 활동한다. 또한 논의를 거쳐 활동주제와 장소를 선정하고 함께 공유하는 과정을 통해 발달장애인 당사자는 지역사회와 소통하는 방법을 알아가게 된다.

시민옹호인을 모집하고 교육을 진행한 후 비장애인들은 발달장애인이 소모임 안에서 주어진 역할을 제대로 수행할 수 있을 것인지, 당사자의 의견을 제대로 전달하고 이야기 할 수 있는지에 대해 고민했고, 활동 초반에도 비장애 시민 위주의 활동을 진행하였지만 시간이 지나면서 함께 소통하고 발달장애인에게 지역자원을 소개하고 연계하는 등 적극적 옹호인의 자세로 변해갔다.

옹호 모델과 관련된 두 번째 사업으로 2020년에 진행된 "권익옹호캠페인 「더하다(+) : N행시 응모」" 사업은 큰 의미가 있다. 이 사업의 목적은 온라인 권익옹호캠페인 진행을 통하여 장애인의 권리(이동권, 알 권리: 편의시설·보조기기, 의사소통지원, 쉬운설명자료 등)에 대한 관심을 환기시키고 지역주민의

참여를 이끌어 내 '함께하는 지역사회' 분위기를 조성하는 데
에 있었다. 사업의 목표는 첫째, 지역주민 200명을 대상으로
장애인 권익증진 및 장애친화적인 분위기 조성을 위한 온라인
캠페인을 1회 실시하는 것과 둘째, 캠페인 진행 후 선정된 글
귀를 활용한 권익옹호물품 제작을 1회(N행시 선정 작품을 활
용하여 캔버스 액자 제작 및 전시) 실시하는 것이었다.

N행시 작품

평택복지재단 │ 북부복지타운
**평택북부장애인복지관**

# 안내견

**안** 내해 드리고 있는 중이에요

　　**내** 가 꼭 곁에 있어야 해요

**견** 물생심, 간식은 안 돼요
　내 마음이 흔들려요

2020년 권익옹호캠페인 이보듬님의 글입니다

N행시 작품

N행시 응모는 대면으로 진행하던 권익옹호 캠페인을 코로나19로 진행하지 못하게 되자 비대면 온라인 캠페인을 고민한 끝에 탄생하게 되었다. 지역사회에 N행시 응모를 홍보하여 총 149건이 접수되었고, 주제적합성, 참신성, 내용전달성, 공감성을 심사하여 수상자를 선정하였다. 수상작품은 캔버스 액자로 제작되어 지역사회 내 도서관, 관공서, 공원 등에 전시되고 있다.

이 사업의 결과, 장애인 당사자의 권익증진에 대한 지역 내 관심을 크게 촉진시켰으며 지역 내 장애 친화적인 물리적·사회적 환경에 대한 관심도 환기시킬 수 있었다. 아울러 지역사회 내에 평택북부장애인복지관을 홍보하는 데에도 기여하였다.

### 4. 주민조직화

장애인과 함께 하는 사회복지실천을 통해 평택북부장애인복지관은 지역사회에서의 장애인 문제를 해결하고 장애인복지를 증진시키기 위해 지역사회 내외의 활용 가능한 자원을 동원하려고 최선을 다한다. 또한 동원된 자원들이 체계적으로 연결되어 긴밀한 협력 관계를 맺을 때 낭비를 막고 효과적으로 활용될 수 있기에 지역사회 조직화 기술을 적극 활용한다. 평택북부장애인복지관에서 사용하는 주민조직화란 주로 지역사회를 조직화하는 것으로 말할 수 있는데, 크게 두 범주로 구분된다. 지역주민, 즉 비공식적 영역을 대상으로 하는 주민조직화와 정부기관, 거의 대부분은 평택시, 그리고 모 법인인 평택복지재단과 산하 시설들, 지역사회 내의 사회복지 관련 시설들과 단체, 조직 등 공식적 영역을 연계하는 활동이다.

평택북부장애인복지관이 수행하는 주민조직화는 주로 민주적이고 자발적인 참여를 유도하고 서로 돕는 지역사회를 구성하는 것이다. 평택시민들이 공동체 의식을 가지고 협력을 통해 장애인 문제를 해결하고 장애인복지사업을 통해 지역사회를 발전시키는 과정 중심적인 접근이라고 볼 수 있다. 지역주민들이 스스로 지도력을 가지고 장애인과 관련된 문제들을 지역공동체적인 과제로 인식하여 해결하고 궁극적으로는 장애인과 비장애인이 통합되어 지역사회를 발전시킬 수 있도록 하는 '자활능력과 사회응집력'이 강조된다. 복지관은 지역사회에 힘을 불어 넣어 줄 수 있어야 한다.

　평택북부장애인복지관의 주민조직화와 관련해서는 희망이
사회가 첫 번째로 좋은 사례이다. 장애인의 권익을 보호하고
지역사회 장애인의 건강하고 행복한 삶을 지원하기 위해 조직
된 희망이사회는 순수 지역 주민 50명으로 구성되어 2019년
출범이래 현재까지 지역장애인 당사자와 가족들의 더 나은 생
활을 위해 후원, 자원봉사, 정책건의 자원연계, 캠페인활동 등
활발한 활동을 이어오고 있다.

　교육을 통해 평택시 장애인구 현황과 장애인 복지정책의 흐
름, 평택시 장애인들의 복지 욕구 등을 이해한 이들은 장애 친
화적 지역사회 조성이라는 복지관의 가치에 공감함으로써 자
발적으로 지역 자원들을 복지관으로 중개하고 있으며 매월 후
원금을 조성하여 복지관으로 지원하고 있다. 더불어 주요 사
업에 자원봉사자로 참여하거나 인식개선 활동에 나서는 등 주
도적 활동들을 이어 오고 있다.

　두 번째 희망이음마을이다. 희망이음마을은 지역사회에 기
부와 나눔을 실천하려는 자영업, 중소기업, 학원, 음식점, 미
용실 등 다양한 업종의 가게가 모여 만드는 지역 공동체이다.
매월 매출의 일부를 복지관에 후원하고 희망이음마을에 참여
한 업체 간 서로 연결고리가 됨으로써 장애친화적 지역사회라

평택북부장애인복지관 희망이음마을

평택북부장애인복지관 희망이사회

는 영역을 조성하게 되는 것이다.

희망이음마을에 참여하게 되면 희망이음마을 인증현판을 업체에 부착한다. 이러한 현판들을 통해 장애인에 대한 긍정적 인식문화가 확산되고 공동체가 복원될 수 있도록 촉진하고 있다.

세 번째는 평택북부장애인복지관 부모회 자원봉사단이다. 복지관을 이용하던 장애인 부모들이 지역으로부터 받은 도움에 보답하고자 2023년 조직된 부모회 자원봉사단은 스스로

체계를 구성하고 역할을 나눠 바자회, 명절행사 및 김장지원 등을 함께 진행 하였다. 부모회 자원봉사단은 당사자 가족으로서 복지관과 함께하며 장애인의 자립과 사회참여를 돕기 위해 활동을 이어가고 있다.

이에 따라 평택북부장애인복지관이 지향하는 주민조직화의 목적을 정리해 보면 다음과 같이 제시해 볼 수 있다.

첫째, 주민조직화는 장애인 서비스이용자의 개인적인 잠재능력을 증진시키고 이러한 잠재능력을 실현시킬 수 있도록 돕는다. 예를 들어 장애인과 함께 살아가는 지역주민 개개인의 일상생활을 장애인과 함께 모두 개선시키고 각 개개인 스스로 성취감을 느낄 수 있도록 함으로써 장애인 당사자뿐만 아니라 시민 모두의 잠재력을 증진시킬 수 있어야 한다.

둘째, 주민조직화는 장애인과 관련된 지역사회 공동체의 문제를 해결하여 장애인 당사자와 시민들 모두의 삶의 질을 향상시키는 데 그 목적이 있다. 평택시라고 하는 지역공동체는 개인으로서 활동할 때 보다 조직화를 통해 더 다양하고 유용한 정보를 보유할 수 있고 더 강력한 영향력을 행사할 수 있게 된다.

셋째, 주민조직화는 보다 형평성 있는 자원의 배분을 통해 지역사회 내부와 권력의 재분배에 기여하게끔 해야 한다. 장애인과 함께 하는 사회복지실천의 가장 중요한 대상은 가장 낮은 곳에 있는 가난한 장애인들이고, 사업의 성과를 통해 이들의 삶 속에 복지를 이루되 그 영광을 복지관 직원이 아닌 주민들과 장애인 당사자들이 누리도록 하는 것에 있어야 한다. 성공적인 주민조직화는 주민들과 장애인 당사자들이 당연히 누려야 할 것들을 일상생활 속에서 누리게끔 해야 한다.

평택북부장애인복지관에서 진행하고 있는 주민조직화의 구체적인 전략은 다음과 같다.

첫째, 장애인복지실천 서비스 현장에 주민참여를 활성화시키는 것이다. 평택시민의 장애인복지실천 서비스에 대한 자발적 참여는 주민조직화의 기초가 된다. 즉, 어떻게 평택시민들이 평택시에서 일어나는 장애인의 다양한 문제들을 해결하거나 개선하기 위해 자발적 참여하도록 유도할 것인지가 주민조직화 전략의 핵심적 요소라고 본다. 평택북부장애인복지관의 지역 주민들을 동원하기 위한 전략으로는 이미 존재하는 평택시의 사회구조를 활용하고 강화하는 방법과 지역주민들을 개별적으로 설득하는 방법이 있다. 시민들의 의사 결정과 행동을 유발하는 지역사회의 기제를 파악하고 이를 활용함으로써 시민들을 힘을 동원하려고 노력한다. 또한 장애인에 대한 관심이 유발된 시민 개개인에게는 유무선상의 개별적 접촉을 통해 복지관 서비스의 필요성 및 목적, 그리고 활동에 대한 동의를 얻고 적극적인 참여를 촉진하려고 애쓴다.

둘째, 장애인 당사자와 지지자 및 지원자들 가운데서 평택시의 여론을 형성할 수 있는 지역사회 지도자 발굴과 양성이다. 장애인과 함께 하는 사회복지실천을 통한 평택북부장애인복지관의 지역사회 변화 전략의 특징은 결국 평택시민이 변화의 주체가 된다는 것이다. 평택시의 장애인 자립 환경을 조성하고 장애인의 자생 능력을 개발하기 위해서는 외부의 어떤 전문가들 보다는 오히려 장애인이든 비장애인이든 평택시민이 주체가 되어 민주적 과정을 통해 복지관의 사업들이 수행되게끔 하는 것이 바람직하다고 본다. 이처럼 평택시민이 주체가 됨으로써 성공적인 장애인의 자립과 사회참여를 향한 진정한 변화를 유도하기 위해서는 선구적으로 장애인 문제와 시민의 욕구를 잘 이해하고 이를 해결하는 데 헌신적이며 변화의 도입과정에서 나타나는 저항과 혼란을 극복하면서 그 변화를 계획하

고 실행해 나갈 수 있는 지역사회 내부의 지도자가 필요한 것
이다. 따라서 평택북부장애인복지관에서 지속적으로 추진하
는 지역사회 내의 새 생각을 짓는 동화작가 발굴, 장애 인식
개선 강사 양성과정 등은 주민조직화를 위해 필수적인 과업이
라고 볼 수 있다.

　셋째, 효과적인 네트워킹을 통한 연대의식의 강화이다. 평택
북부장애인복지관에서 수행하는 네트워킹이란 평택시 내의
사회복지 관련 주체들이 상호 협력체계를 구축하는 것으로부
터 시작한다. 이와 같은 복지관의 네트워킹을 통해 평택시에
거주하는 장애인 당사자와 시민들의 욕구 충족을 위한 지역
사회 내의 자원을 보다 효과적으로 동원하고 효율적으로 활
용하려고 노력한다. 특히, 여기서 복지관의 네트워킹은 비공식
적 영역에서의 장애인과 비장애인 시민 간의 협력을 강조한 주
민조직화과 구별하여 공식적 영역에서 복지관과 여러 관련 사
회복지시설이나 사회조직들 간의 협력체계에 초점을 맞춘다.
이런 측면에서 평택북부장애인복지관의 네트워킹은 평택시에
소재하는 여러 사회복지시설들 간과 지역사회 내의 다양한 유
관 기관들 간의 연대를 강화하는 활동이 된다. 결과적으로 평
택북부장애인복지관의 네트워킹은 평택시에 존재하는 많은

사회적 조직들 간의 상호 조정과 협력을 증진시키는 활동으로 이를 통해 장애인 문제 해결 및 장애인 당사자와 시민들의 삶의 질을 향상시키기 위한 가용 자원을 증대시키고 그 활용에 있어서 효율성을 높인다.

## 5. 사례관리

장애인과 함께 하는 평택북부장애인복지관의 사회복지실천에서 매우 전문화된 접근으로 인정되는 개입 활동이 바로 사례관리이다. 무엇보다도 사례관리는 긴급한 위기개입 시에 위력을 발휘할 수 있다. 공공적인 사회복지 전달체계에서 소외되는 복지 사각지대에 있는 열악한 서비스이용자들에게 복지관의 사례관리는 큰 도움이 될 수 있다. 지역사회에 거주하는 어려운 장애인 가정을 대상으로 하는 구체적이며 실질적인 개입을 사례관리를 통해 효과적으로 수행할 수 있다. 평택북부장애인복지관은 어떻게 사례관리를 수행하는가? 다음과 같은 몇 가지 원칙에 근거하여 이뤄지고 있다.

첫째, 사례관리 실천을 수행하는 목적은 장애인복지실천을 효과적으로 실시하는 데에 있음을 명확하게 알고 있어야 한다. 사례관리 서비스를 제공받는 장애인 서비스이용자가 인간으로서의 권리를 사례관리를 통해 보장받는다고 느끼고 깨달아서 지금 현재의 어려움을 극복하기 위해서 필요한 자원을 받되, 향후에는 지원 없이도 스스로 자립하겠다는 강한 의지와 결단을 하게끔 하는 것이 평택북부장애인복지관 사례관리의 목적이 되어야 한다. 따라서 사례관리를 제공하는 목적을 이러한 관점에서 명확히 규정하고, 도움을 필요로 하는 집단을 확인한 후, 사례관리를 수행해야 할 대상이 되는 장애인 서비스이용자를 선정해야 한다.

둘째, 사례관리 실천을 수행해야 할 장애인 서비스이용자 집단의 욕구를 파악해야 한다. 사례관리는 서비스이용자가 필요로 하는 욕구를 충족할 수 있도록 수행되어야 한다. 복지관 내와 복지관 주변에는 빈곤 장애인과 다양한 어려움을 갖고 있는 취약계층에 속한 장애인 가정이 있고 이들 중 극심한 삶의 어려움들로 인해 고통을 받고 있는 대상자도 상당수에 이른다. 특히 평택북부장애인복지관이 위치한 인근 지역사회 내에 공공복지의 혜택에서 소외된 위기개입 대상자들도 거주하고 있다. 따라서 사례관리를 수행하는 사회복지사는 서비스를 필요로 하는 장애인 서비스이용자 집단을 확인하고 사정을 통하여 이들의 욕구를 명확히 파악하는 과정을 밟아야 한다.

이와 관련하여 평택북부장애인복지관의 사례관리 계획서는 크게 유용할 것으로 본다(다음 페이지의 사례관리 계획서 예시 참조).

셋째, 사례관리를 통해 효과적인 '연대'를 실현해야 한다. 효과적인 실천이 되기 위해서는 기본적으로 장애인 서비스이용자와의 신뢰 관계가 형성되어야 한다. 이러한 신뢰 관계를 기반으로 진정한 원조적인 관계를 맺게 되며 참된 연대감에 기초한 끈끈한 관계망이 수립되어야 한다. 이와 같은 연대적 관계망은 다양한 삶의 문제를 해결하는 데에 큰 힘이 될 수 있다.

넷째, 사례관리를 통해 효과적인 위기개입을 하여야 한다. 위기적 상황 아래 놓인 장애인 서비스이용자들에게 평택북부장애인복지관의 사회복지사가 일시적으로 개입하여 역경을 이길 수 있도록 돕는 것이다. 복지관이야말로 심각한 위기상황에 처한 장애인 서비스이용자들을 효과적으로 도울 수 있는 가장 대표적인 사회복지시설이라 할 수 있다.

평택북부장애인복지관 사례관리 기록 양식 예시

# 사례관리 계획서

| 담 당 | 과 장 | 사무국장 | 관 장 |
|---|---|---|---|
| | | | |

| 이용자<br>번호 | 2015-149 | 작성일시 | 2018.6.18. | 사례관리자 | 남예슬 |
|---|---|---|---|---|---|
| **인적사항** | 성명 | 김oo | | 성별 | 남 |
| | 생년월일 | 06.02.06. | | 장애유형 | 미등록 |
| | 가족구성원 | CT,모(동거N),외조모(동거Y) | | 경제적 상황 | 저소득가정 |
| **강점 및<br>자원** | - 지역사회 내 다수의 사회적연결망 구축(주민센터, 학교, 타 복지관 등)<br>- 보호자(외조모)의 복지관 사례개입에 대하여 호의적인 태도를 보이며 필요 욕구를<br>적극적으로 표출함. | | | | |

| | 우선순위 | | 세부내용 |
|---|---|---|---|
| **합의된<br>욕구<br>영역** | 1 | 주거환경<br>지원 | "장판에서 물이 올라오고 밤에 이슬이 맺혀 잠자기 힘들어요."<br>"집이 습하다 보니 바퀴벌레랑 벌레가 너무 많고 밤에 자다가<br>바퀴벌레를 몇 마리 잡아 죽였는지 몰라요." |
| | 2 | 심리·정서<br>지원 | "미술치료, 음악치료를 했을 때는 아이가 좀 괜찮았는데, 지금은<br>정신적으로 문제가 있어서 내가 너무 힘들어요."<br>"엄마가 퇴원했을 때 자꾸 성주를 괴롭히니까 엄마를 죽일거야,<br>라고 00가 말해요.엄마한테 그런 말하면 안된다고<br>제가 이야기 해요"<br>"정신적으로 힘들어서 밤에 오줌을 지리는 데 병원에서 받아온 약을<br>먹지 않아요." |
| | 3 | 자립지원 | "내가 늙어서 죽으면 우리 00 어떡해요."<br>"00가 곧 중학교에 들어가요." |
| | 4 | 생활환경<br>지원 | - "00가 얼마전에 칫솔 바꿔달라고 했는데 못 바꿔줬어요. 생활비<br>로도 빠듯해서 생필품을 필요할때마다 사기 어려워요." |
| **사례관리<br>유형** | ☐ 긴급/위기  ☐ 집중  ☑ 일반 | | | 진단사정<br>회의일 | 2018.6.18. |
| **장기목표** | 주거환경개선 / 심리적 안정감 도모 / 스스로 독립적 생활을 할 수 있는 역량강화<br>생활환경 수준 향상 | | | | |

| | 단기목표 | 기간 | 수행방법 | | | |
|---|---|---|---|---|---|---|
| | | | 개입계획<br>(내/외부) | 자원연계 | 지원인력 | 횟수 |
| 사례관리<br>개입목표 | 1-1.<br>주거환경개선 가능한<br>외부자원 발굴 및 연계 | 18.6.<br>-<br>19.6. | 외부자원연계 | K-크린 | 상담사례<br>지원팀<br>사회복지사<br>남예슬 | 연<br>2회 |
| | 2-1.<br>복지관 심리지원<br>프로그램 참여 | 18.6.<br>-<br>19.12. | 본관<br>기능향상지원<br>팀 사업안내 | 치료교육센터<br>연계를<br>통한<br>심리치료<br>지원 | 상담사례<br>지원팀<br>사회복지사<br>남예슬,<br>기능향상<br>지원팀<br>사회복지사<br>김소라 | 주<br>1회 |
| | 3-1.<br>복지관 역량강화<br>프로그램 참여 | 18.8.<br>-<br>18.12<br>. | 본관<br>상담사례지원<br>팀<br>프로그램<br>연계 | 여름맞이<br>역량강화<br>프로그램<br>지원 | 상담사례<br>지원팀<br>사회복지사<br>남예슬, 원지혜 | 연<br>4회 |
| | 4-1.<br>정기결연후원자 매칭 및<br>정기결연후원금 이체 | 18.6.<br>-<br>19.6. | 본관<br>후원사업<br>연계 | 본관<br>후원담당자<br>연계 | 상담사례<br>지원팀<br>사회복지사<br>남예슬 | 월<br>1회 |
| | 4-2.<br>본관 후원물품 지원 | 18.6.<br>-<br>19.6. | 본관<br>후원사업<br>연계 | 본관<br>후원담당자<br>연계 | 상담사례<br>지원팀<br>사회복지사<br>남예슬 | 수시 |
| 사례관리<br>자 의견 | - 습기와 벌레가 많아 비위생적인 환경구조로 대상 가정으로의 주거환경사업 연계를<br>  통한 주거개선 필요.<br>- 보호자(모) 및 주 양육자(외조모)의 역할 부재 등 복잡한 가정사로 인한 대상자의<br>  심리적인 체계가 미흡. 이에 지지체계를 구축 및 강화하고, 전문가의 심리치료를<br>  진행함으로써 안정감 도모가 필요.<br>- 외조모의 기초생활수급비와 대상자의 보호자(부)에게 받는 양육비 80만원 등 지원을<br>  받고 있으나 고정지출로 인한 경제적인 어려움이 따름. 생활에 필요한 물품을 지원함<br>  으로써 최소한의 일상생활 유지 도모. | | | | | |
| | 본인은 개인별서비스 제공을 위한, 본 사정회의 결과 및 개입계획에 대하여<br>설명을 받은 후 이를 확인하였습니다.<br><br>2018.     .     . 본인·보호자 : ＿＿＿＿＿＿(인) | | | | | |

124

# 사례관리(초기 · 중간)평가서

NO-복부장복(2015)-147

| 담 당 | 팀 장 | 과 장 | 사무국장 | 관 장 |
|---|---|---|---|---|
|  |  |  |  |  |

| 성명<br>(성별) | 김oo | 사례관리자 | 김소라 | 일 시 | 2023. 2. 10.(금) | 유 형 | □신규 ☑재사정 |
|---|---|---|---|---|---|---|---|
|  |  |  |  |  |  | 사례관리 수준 | □일반 ☑집중 □통합 |

| 우선<br>순위 | 성과목표 | 현재상황 | 목표<br>달성률 | 서비스계획 /<br>서비스제공내역 | 서비스<br>수행률 | 이용자<br>만족도 |
|---|---|---|---|---|---|---|
| 1 | 공공서비스 연계 | - 특수교사를 통하여 당사자의 학교생활 확인 및 정보공유 (당사자의 등교 거부에 따른 가정학습, 학교 자퇴)<br>- 통합사례회의를 통한 기관별 역할 수립 및 적용 | ③ | - 유관기관 담당자와의 연계를 통한 기관별 역할분담 및 수행이 이뤄짐.<br>- 당사자의 학교 자퇴에 따른 교육기관 지원의 어려움으로 신규 연계기관 발굴 및 활동서비스 개입 필요 | ② | ④ |
| 2 | 심리·정서적 지원 | - 주 1회 이상 당사자 및 보호자(외조모) 유선가정방문 상담 진행<br>- 평택교육지원청 특수교육지원센터 내 당사자 및 보호자 가정방문상담 연계하였으나 당사자의 학교 자퇴에 따른 특수교육지원대상자 선정 취소로 지원의 어려움 발생 | ② | - 정기적으로 담당자와의 상담 필요.<br>- 교육기관 연계를 통한 전문가 상담의 어려움으로 본관 치료서비스 혹은 상담 프로그램 참여독려 필요 | ① | ③ |
| 3 | 자립 지원 | - 당사자의 참여거부로 지원의 어려움 | ① | - 학교 자퇴에 따른 외부 및 단체 활동 연계를 통한 사회성 향상 지원 필요 | ① | ① |
| 4 | 일상생활지원 | - 금전적 지원<br>: 월 1회 본관 정기결연후원금 (5만원)<br>: 민간 단체(기쁜교회) 연계를 통한 월 10만원 지원<br>- 식사 지원<br>: 주 1회 반찬지원 서비스<br>: 비정기적 특식(명절, 절기)지원<br>- 비정기적 후원품(식료품 및 생필품)<br>- 주거환경개선사업(소독 및 방역)<br>- 영양제 지원 | ④ | - 경제적 어려움, 당사자 및 보호자의 건강관리를 위한 정기적인 금전 식사 지원 이뤄짐.<br>- 소독 및 방역을 통한 쾌적하고 안전한 주거환경 제공.<br><br>- 가정 내 의약외품 전달을 통한 건강관리 지원. | ② | ④ |
| ※ 점검척도 | ○ 목표달성률<br>① 전혀 성과가 없음<br>② 기대이하의 성과<br>③ 기대한 정도의 향상<br>④ 기대이상으로 향상<br>⑤ 최적의 향상 | ○ 서비스수행률<br>① 계획보다 진행되지 않고 있다<br>② 계획대로 진행되고 있다<br>③ 계획보다 더 잘 진행되고 있다 |  | ○ 이용자만족도<br>① 매우 불만족<br>② 대체로 불만족<br>③ 그저그렇다<br>④ 대체로 만족스러운 편<br>⑤ 매우만족 |  |  |
| 개입에 대한 전체 평가 | 1. 통합사례회의 이후 기관별 역할분담을 통한 당사자 가정으로의 서비스 개입이 이뤄짐.<br>(평택교육지원청 특수교육지원센터의 상담 전문가 연계 이충고등학교에서의 학교 출결관리(가정학습을 통한 등교 지원 등) 및 보호자 상담)<br>2. 당사자의 학교 자퇴 외부활동 거부에 따른 프로그램 참여독려에 대한 방향성 모색 필요.<br>3. 고정적인 식사, 금전을 제공함으로써 안정된 일상생활을 유지할 수 있도록 지원함.<br>4. 소독 및 방역서비스를 통한 쾌적한 주거환경 제공. |  |  |  |  |  |
| 평가 결과 | □ 유지    □ 재사정    ☑ 서비스계획(목표) 수정    □ 종결 |  |  |  |  |  |

| 담당자 | 김소라 | 참석자 | 서비스지원과장 임현준, 상담사례지원팀 팀장대행 이인호, 사회복지사 김소라, 김대원 |
|---|---|---|---|
| 이용자<br>의견란 |  |  | 는 서비스 제공을 위한 본 평가회의 결과에 대해 동의합니다.<br><br>2023. . .    본인·보호자 :     (인) |

# 제(10)서비스점검및재사정

NO-북부장복(2015)-147

| 담 당 | 팀 장 | 과 장 | 사무국장 | 관 장 |
|---|---|---|---|---|
| | | | | |

| 성명<br>(성별) | 김oo(남) | 사례관리자 | 김소라 | 사정일자 | 2023. 2. 9.(목) |
|---|---|---|---|---|---|
| 접촉형태 | ☑ 대면 □ 전화관리 □ 기타 | | | 접촉장소 | 복지관 로비 |

| 구분 | 점검문항 | 매우<br>그렇다 | 그렇다 | 보통 | 그렇지<br>않다 | 전혀<br>그렇지<br>않다 |
|---|---|---|---|---|---|---|
| 서비스<br>제공<br>측면 | 제공되는 서비스의 양은 충분한가? | | | ∨ | | |
| | 제공되는 서비스의 내용은 적절한가? | | ∨ | | | |
| | 제공되는 서비스 질은 양호한가? | | | ∨ | | |
| | 서비스 제공방법은 적절한가? | | ∨ | | | |
| | 서비스를 제공하는 기간의 협력은 적절한가? | | | | ∨ | |
| | 기타 제공된 서비스 여부 | | | | | |
| | 더 필요한 서비스가 있는가? (□있다 / 있다면 무엇인가?) | | | | | |
| 대상자<br>만족도<br>측면 | 제공되는 서비스에 만족하는가? | | | ∨ | | |
| | 변화가 나타나고 있는가? | | | | ∨ | |

## 사례관리 진행사항 점검

### 서비스 목표

1. 공공서비스 연계

2. 심리·정서적 지원

3. 자립지원

4. 일상생활지원

### 서비스 계획

1-1. 학교생활 관리지원

1-2. 유관기관 담당자와의 관계형성 구축

1-3. 복지정보 제공

1-4. 양육비 미납분 지원

2-1. 심리·정서적 지원

3-1. 복지관 역량강화 프로그램 참여

4-1. 금전지원

| 4-2. | 균형된 영양제공을 위한 식사지원 |
|---|---|
| 4-3. | 비정기적 후원품 지원 |
| 4-4. | 규칙적·안정적인 생활환경 지원 |
| 4-5. | 건강관리 |

**수행내용**

| 1-1.~1-2. | (22.8.~23.2.) 담당자 간 학교생활 내용공유(22.11.고등학교 자퇴) |
|---|---|
| 1-2.,2-1. | (22.8.) 평택교육지원청 특수교육지원센터 당사자(16회기), 보호자(12회기) 가정방문 상담연계 |
| 4-1. | 월 1회 본관 정기결연후원금 지원(월 5만), 월 1 회○○교회 정기결연후원금 지원(월 10만) |
| 4-2. | 주1회 반찬지원 서비스 제공, (22.9.5.) 추석명절 음식, (22.10.14.) 부대찌개 밀키트, (22.11.14.) 김치, 쌀 지원, (22.11.28.) 라면 지원, (22.12.30.) 쌀 지원, (23.1.18.) 설명절 음식 |
| 4-3. | (22.10.21.) 침구류 세트(겨울 이불, 토퍼, 베개), (23.2.6.) 수제 천연비누 |
| 4-4. | (22.9.20.) 주거환경 개선사업(소독 및 방역) |
| 4-5. | (22.10.11.) 건강 및 의료지원 '영양제 지원 |

**개입과정**

본관 및 외부기관 연계과정

| 1-1. | 정기적인 담당교사와의 상담을 통한 학교생활 공유(당사자의 잦은 결석에 따른 가정학습 지원, 보호자(외조모)의 자퇴요청 및 자퇴처리) |
|---|---|
| 1-2. , 2-1. | 평택교육지원청 특수교육지원센터 연계, 당사자 및 보호자의 심리지원을 위한 가정방문상담 진행 |
| 4-1. | 월 1회 본관 정기결연후원금 지원(월 5만원), 월 1회 기쁜교회 정기결연후원금 지원(월 10만원) |

4-2.　　후원처(심가네김치삼겹살, 오레시피 이충점) 연계를 통한 주 1회 반찬 지원제공.

4-2.~4-3. 내·외부자원을 활용한 식료품 및 생필품 지원

4-4.　　쾌적한 주거환경을 제공하고자 소독전문업체 연계를 통한 소독 및 방역 지원

4-5.　　외부자원을 활용하여 건강관리를 위한 영양제(간, 혈액순환, 비타민D) 지원

## 점검결과

□ 유지(사례관리 계획 수정 유□ 무□)　　□ 종결　　□ 의뢰

- 통합사례회의 이후 기관별 당사자 가정 개입 이뤄짐. (평택교육지원청 특수교육지원센터의 상담 전문가 연계, oo고등학교에서의 학교 출결관리(가정학습을 통한 등교 지원 등 )및 보호자 상담)
- 학교 자퇴 이후 주로 가정 내 게임, TV 시청, 거주지 인근 산책 등 무료한 일상생활을 보내는 중.
- 월 1회 정기결연후원, 주 1회 반찬 지원 및 비정기적 후원 물품을 통한 경제적 부담 완화됨.
- 당사자 가정의 쾌적한 주거환경 제공을 위한 소독 및 방역 지원함.
- 당사자의 외부활동 거부에 따른 본관 내·외부 프로그램 참여의 어려움 발생.
- 보호자(외조모) 상담 중 주거지 이전(사유: 건물주 변경에 따른 재계약의 어려움)에 대하여 언급한 상황으로 관련 내용확인 필요.

## 차후계획

- 당사자의 등교 거부에 따른 학교 자퇴처리로 학교 지원에 대한 목표 수정(삭제)이 필요.
- 당사자의 학교 자퇴로 학교생활을 대신할 수 있는 단체 외부활동 프로그램 지원이 필요한 상황으로 본관 프로그램 참여를 독려하고자 함.

작 성 일 : 2023. 02. 09.

## 제4장

사회적 지지와 여가 문화 연계하기

건강보호, 일상생활 준비, 고용, 소득원조, 사회적 지지 그리고 레저와 레크리에이션을 포함한 평택북부장애인복지관의 여가 활동은 장애인 서비스이용자의 삶의 질과 사회적 관계, 의미 있고 즐거운 인생 여부를 결정하는 핵심적인 요소가 된다. 오랜 기간 또는 전 생애에 걸쳐 무기력한 상황을 경험하고 있는 장애인 서비스이용자들에게 효과적인 사회적 지지와 다양한 여가 활동은 미흡한 사회화와 관련된 여러 사회부적응 문제들을 해결하는 데에 상당한 도움이 된다.

평택북부장애인복지관은 사회적 지지나 여가 서비스에 대한 중요성을 인식하고 적극적으로 장애인 서비스이용자에게 여가와 관련된 정보나 서비스를 제공해오고 있다. 아울러 사회적 지지와 함께 실제적인 지지체계를 구축하는 데에 정성을 쏟고 있다. 장애는 종종 사회적 관계를 변화시키거나 영향을 준다. 특히 서비스이용자가 성인이 되어 장애를 입었을 때에는 사회적 관계의 형태와 개인적인 자아개념에 장애 현상이 심대한 영향을 줄 것이다. 장애인 집단에 참여하게 되면서 발생하는 새로운 욕구들과 비장애 사회에 살아남아야 되는 절박함 속에서 초래되는 사회적 욕구를 충족시키는 실질적인 대안으로서 사회적 지지는 반드시 검토되어져야 할 것이다.

무엇보다도 장애가 발생하는 순간, 가족의 역할과 책임은 장애로 인한 변화와 함께 동시에 변할 것이다. 오랜 시간 동안 보호자가 되어야 하는 가족 구성원 또한 장애로 인해 생겨난 여러 가지 특별한 욕구와 장애인 서비스이용자에게 영향을 미치는 사회적 상황에 대해 염려하게 된다. 자기결정권과 책임성, 의존성과 독립성, 신체적인 것과 감정적인 것, 강함과 약함 등 장애인 서비스이용자가 흔히 겪게 되는 어려움들이 가족 구성원들에게도 크게 영향을 준다. 그러한 영향이 서비스이용자와 함께 살아가고 있거나 또는 서비스이용자를 보조하기 위한 책임감을 떠맡은 가족 구성원 사이에서 증가하는 동안, 모든 가족 구성원은 장애인에 의해 영향을 받는데 매일의 일과와 스케줄의 조정, 그리고 휴가, 여가 계획은 모두 장애인의 상태에 따라 영향을 미친다.

평택북부장애인복지관은 이런 현실적인 상황을 충분하게

고려하여 적절한 레저와 여가 활동이 가능하게끔 노력한다. 장애인 서비스이용자와 가족들, 그리고 친구들이 함께 여가를 즐기기 위해 격려되는 경험을 제공한다. 가령 신체적인 활동은 장애인 서비스이용자를 활력 있고, 건강하게 하는 것을 들 수 있다. 평택북부장애인복지관은 사회적인 여가 욕구를 가진 장애인 서비스이용자와 가족을 지지하는데 이용할 수 있는 자원과 서비스를 탐색한다. 장애인 서비스이용자들을 위한 사회적 지지, 가족 보호 지지와 활동 그리고 여가 활동을 촉진하는 환경과 설비를 제공하는 조직에 대해 평택북부장애인복지관은 고민하고 논의하며 실제 서비스로 실행하려고 최선을 다한다.

평택북부장애인복지관은 사회적 관계 형성에서 의사소통을 기본으로 삼고 특별히 의사소통에 제한을 가진 장애인 서비스이용자가 여가 활동을 통해 효과적인 의사소통 기술을 습득하고, 대안적인 의사소통의 방법을 익혀서 사회적 관계를 긍정적으로 맺어갈 수 있게끔 하고 있다. 다른 사람과 상호작용이나 의사소통을 하는 데에 상당한 불편함이 있었던 장애인 서비스이용자가 원활하게 교류할 수 있도록 돕는 여가 활동 혹은 여가 시간, 여가 장소를 조성해 주는 것 자체가 든든한 사회적 지지가 될 수 있기 때문이다. 장애인도 비장애인과 마찬가지로 사회화의 과정을 겪고 있으며 사회적 지지를 통해 성장하는 동일한 인간임을 늘 상기하며 평택북부장애인복지관은 '사회적 지지 서비스'와 '사회적 지지 연계망'을 구축해가고 있다.

평택북부장애인복지관에서 형성하는 사회적 지지 연계망은 가족 구성원, 동료, 친구, 기타 조직들로 구성되며 단순한 사람들의 집합이 아니라 구성원 간 연결이 개인의 행동에 영향을 미치는 사회적 관계 체계라 할 수 있다. 즉 사회적 지지 연계망은 제반 자원의 공유와 상호교류가 이루어지는 현상을 의미하며 사회복지사는 연계망을 형성함으로써 사회적 지지 체계를 구축해 나가게 된다. 사회적 지지 연계망의 성원들이 사회복지사를 지지하고 사회복지사의 활동에 협력하는 것은 장애인과 함께 하는 사회복지실천을 실행하는 사회복지사의 개입을 원활하게 할 뿐만 아니라 사회복지사에게도 자신감을 갖게 한다. 특히 사회적 지지 연계망을 활용하는 것은 장애인 서비스 이용자의 욕구 중심에 초점을 둘 수 있다는데 큰 의의가 있다. 무엇보다도 장애인 서비스이용자 개인의 원조를 위해 사회적 지지 연계망에 참여하는 성원들이 다양한 지식과 기술, 자원을 사용하기 때문에 사회복지사 혼자 개입할 때보다 장애인 서비스이용자의 복잡한 욕구에 한층 더 쉽게 접근할 수 있다.

이상에서 설명한 사회적 지지와 여가 문화 연계하기와 관련해서 대표적인 평택북부장애인복지관의 사례 몇 가지를 제시해본다.

먼저 평생교육지원 사업이다. 평생교육은 사람이 일생을 살아가는 동안 계속적으로 참여하는 교육 및 학습의 과정으로 인간의 삶과 밀접하게 관련되어 있다. 특히, 발달장애인들은 지적·정서적·신체적 한계를 가지고 있고 적응 행동 기술이 부족하기에 성인이 된 후에도 지속적인 학습 및 훈련이 중요하다.

이렇게 평택북부장애인복지관에서는 발달장애인의 지속적인 학습 및 훈련 지원을 위해 평생교육사업을 운영하고 있다. 평생교육 프로그램은 성인 발달장애인의 사회적응능력을 향상하고 다양한 문화·여가 참여기회를 확대하기 위해 운영되고 있고 세부적으로는 다양한 사회적응 프로그램과 체력증진 프로그램, 문화예술 프로그램, 자조활동 및 특별활동으로 구분되고 있다. 평생교육에 참여하는 성인 발달장애인은 화요일부터 금요일까지 주 4일을 복지관에 나와 낮 활동(10:00~16:00)을 함께 하고 있으며 복지관을 벗어나 지역사회

평생교육지원사업

내에서도 많은 사회참여 활동을 하고 있다.

최근에는 지구온난화, 쓰레기 섬 등의 심각한 환경문제가 대두되면서 평생교육에서도 친환경을 위한 환경 프로그램을 운영하였고, 실제 친환경 제품을 만들어 복지관 인근 장애 당사자가 자주 이용하거나 지나치는 카페, 편의점, 식당 등을 방문해 나눔을 하는 활동을 진행하였다. 성인 발달장애인의 문화·여가활동이 사회참여의 기회로 이어질 수 있도록, 나아가 지역사회 내 지지체계 구축에 기여될 수 있도록 다양한 형태의 학습과 참여활동을 이어가고 있다.

두 번째로 문화기획 사업이다.

발달장애인에게 있어 문화·여가활동 경험은 일상생활 만족도를 높여줄 뿐만 아니라 사회성 발달 측면에서도 의미가 있다. 그러나 장애인에게 여전히 일상생활에서 접근하기 어려운 영역 중 하나이다. 이에 발달장애인의 다양한 문화·여가활동의 기회를 확대하고, 나아가 사회참여와 사회적 지지를 통해 스스로가 사회의 일원임을 경험할 수 있는 서비스 제공이 중요하다.

평택북부장애인복지관에서는 문화기획 사업을 통해 복지관 내부에서 상시로 진행하는 문화·여가 프로그램 외, 다양한 형태의 문화 활동을 지원하여 장애 당사자와 가정의 사회참여

문화기획사업 '스키캠프'

문화기획사업 '청년 장애 예술가와 함께하는 찾아가는 공연'

기회를 확대하고 긍정적인 정서를 지원하고 있다. 현재까지 기획되어 진행된 문화 활동으로는 로비 콘서트와 예술 공연, 계절에 맞는 과일 수확 등 다양한 형태의 체험, 가족 글램핑, 스키캠프 등이 있다.

특히, 2016년에 시작하여 시즌4까지 진행된 스키캠프의 경우 장애 특성 및 경제적인 어려움 등 복합적인 사유로 외부 활동이 어려운 관내 성인, 장애 아동·청소년에게 장애인과 그 가족을 대상으로 겨울 스포츠를 즐길 수 있도록 진행되었다. 스키 강습, 공예 체험, 곤돌라 탑승, 스파 이용 등 신체활동 외에 자연 속에서 다양한 문화·여가활동을 즐기며 힐링과 더불어 외부 활동에 대한 욕구를 해소할 수 있는 시간으로 모두의 만족도 높은 활동이었다.

마지막으로 복지관이 개관한 해인 2013년부터 2023년 현재까지 지속적으로 이뤄지고 있는 장애인의 날 기획사업 '장애인의 날 기념 문화공연'은 사회적 지지와 여가 문화 연계하기와 연관된 대표적인 사례로 볼 수 있다.

특히 평택북부장애인복지관에서 기획한 '장애인의 날 기념 문화공연'은 장애인의 날 하루만큼은 주인공인 장애 당사자분들이 누구의 눈치도 보지 않고, 넓은 공간에서 마음껏 소리 지르고, 함께 즐길 수 있는 공간을 마련하는 것이 목표였다. 그렇기 때문에 장애인의 날 행사 진행 당일에는 지역 후원·자원봉사 단체와의 연계를 통해 맛있는 자장면 식사부터 각종 체험활동을 제공하고, 본 공연에서는 함께 뛰어 놀며 문화적 즐거움을 통해 일상생활 스트레스를 해소하고 긍정적인 에너지를 얻어갈 수 있도록 하였다. 그 결과 해가 거듭될수록 평택 전역에 있는 주간보호센터, 교육기관, 이용시설 등의 적극적인 참여를 이끌어 낼 수 있었으며, 장애 여부와 관계없이 남녀노소 즐길 수 있는 문화 행사가 진행되었다.

10년간의 기획 사업을 진행하면서 환경적인 변화로 어려움을 겪기도 했다. 일례로 2020년 1월 전 세계적으로 코로나19가 발생하면서 장애인복지관도 집합·대면활동이 중단되기도 했다. 장애인 당사자들이 가장 즐거워하시던 장애인의 날 행사를 어떻게 전환하여 진행하면 좋을지 종사자 모두가 고민을 했다.

고민 끝에 비대면, 소규모 방식으로 전환하여 장애인 당사자분들에게 '감사한 마음을 전달'하고 싶은 사연을 받아 감사 주

인공에게 깜짝 이벤트를 선사하는 '배달의 만족', 장애인 취업
자의 일에 대한 스토리를 담아 장애보다 사람에 주목할 수 있
는 새로운 인식개선 전시회 '직장인(人) 스토리', 한 달간 복지
관에서 진행했던 다양한 사업들을 정리하여 유명 장애유튜버
틱돌이와 함께 지역주민과 장애 당사자에게 전달하는 '장애인
의 날 기념 보이는 라디오'도 진행하기도 하였다.

2023년, 코로나19가 완화되어 3년 만에 장애 당사자들이
가장 좋아하는 형태의 대규모 문화기획행사를 다시 진행할 수
있었다. 식전 행사로 샌드아트를 시작으로 베이스&소프라노
공연, K-pop 댄스, 장애 당사자 참여 타악 퍼포먼스, LED 트
론댄스 등 쉽게 접하지 못하는 컨텐츠로 구성했고, 지역주민,
후원단체, 자원봉사 단체 등의 협력으로 770여명에 이르는 장
애인 당사자와 지역주민이 함께하는 장을 마련할 수 있었다.

앞으로도 평택북부장애인복지관은 평택에 거주하는 전 연
령대의 장애인 당사자들이 문화 향유권을 보장받을 수 있도록
다양한 컨텐츠를 활용한 장애인의 날 기념 문화공연을 지속
할 것이다.

봄 2015
함께여서 더 행복한 콘서트
을 담은 이야기
하모니

일시 **2015. 4. 15** (수) 14:00-16:00
장소 평택남부문예회관 대공연장
접수 www.bbjb.co.kr
전화 031-615-3973
팩스 031-615-3998

출연팀1. **Je t' aime**
감미로운 보이스로 감동을 주는 혼성 팝페라 듀엣
2012 개국 3주년 TBS 공개방송 "팝페라 한아름" 출연
광복절 기념 음악회 (C&M방송)
팝페라 앨범 음반 작업중

출연팀2. **김기훈**
해설과 함께하는 피아니스트
행복을 주는 세상 오페라단 반주자
국제청소년 예능 연구회 주최 99회 전국학생음악경연대회 최우수
국제문화예술교육회 주최 전국 학생 음악 콩쿠르 최우수

출연팀3. **퍼니밴드**
연주자만 즐기는 공연 No! 함께 즐기는 공연 Yes!
2009 두산 정공 행사 "제주 신라호텔"
2009 경주 선진 한마음 전진대회
2009 베네치아 카니발 축제(롯데호텔)

주최·주관 평택복지재단ㅣ북부복지타운
평택북부장애인복지관

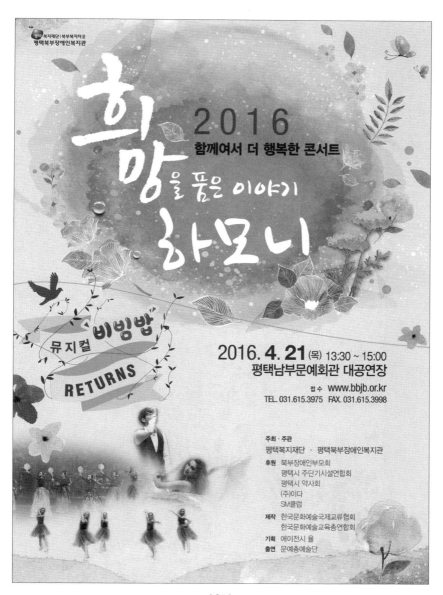

146

일시_2017. **4. 13.**(목) 11:30~15:00

장소_평택남부문화예술회관 대공연장

문의_031)615-3973~7

| 공연 1 | 공연 2 | 공연 3 |

모래가 들려주는 행복한 이야기
샌드아트 - 박민호
2018 동계올림픽 선정 축하 공연
제1회 Crown조각 대전 대상
희망나눔 판타지 전국 순회 공연

신기한 풍선 매직
벌룬마임 - 박민옥
둥둥둥 문화가 있는날 전국투어
다수 지역축제 초청 공연
김포예총 벌룬마임 공연

환상의 빛 퍼포먼스
LED 트론 댄스 - S-FLAVA
댄싱9 시즌2 출연
가수 2pm 뮤직비디오 출연
김연아 갈라쇼 오프닝

| 주관 · 주최: 평택북부장애인복지관 | 지원: 평택복지재단 |

2017

평택북부장애인복지관
## 장애인의 날 주간행사

# 4氣충전

**1** 이해하기
2018. 4. 2(월) 10:00 ~ 16:00
북부복지타운 앞
자폐인의 날 기념 캠페인, 장애인식 개선 퀴즈, 지문트리, SNS이벤트

**2** 바로알기 I
2018. 4. 10 (화) 10:00 ~ 12:00
북부복지타운 2층 장애인복지관
장애당사자 성(性)인권교육 특강

바로알기 II
2018. 4. 11(수) 10:00 ~ 12:00
북부복지타운 2층 장애인복지관
장애부모 심리지원 특강

**3** 같이놀기
2018. 4. 17(화) 11:30 ~ 15:00
북부문화예술회관
문화공연, 체험부스, 무료중식 등

스턴트 치어리딩 임팩트    퓨전타악 TAPOS    락킹댄스 FUNKYFONKY

**4** 마주보기
2018. 4. 27(금) 10:00 ~ 16:00
북부복지타운 2층 장애인복지관
발달장애인 미술작품 전시회, 발달장애인 바리스타 무료 시음회 등

문의 031) 615-3973 평택북부장애인복지관

주관 평택북부장애인복지관 후원 평택시, SM클럽, 의정카센터 **협력기관** 평택북부장애인복지관 부모회, 에바다장애인종합복지관, 혜성원, 평택자유공간

2018

www.bbjb.or.kr
평택북부장애인복지관
장애인의 날
주간행사
봄날의 이야기
1 인권 이야기
일시 | 2019. 4. 5(금) 10:00~12:00
장소 | 북부복지타운 2층 장애인복지관
내용 | 발달장애인 당사자 인권침해 예방 및 대응방법
2 권리 이야기 I
일시 | 2019. 4. 11(목) 13:00~16:00
내용 | 성인 재가장애인 외식지원
3 문화 이야기
일시 | 2019. 4. 18(목) 11:00~15:00
장소 | 북부문화예술회관
내용 | 문화공연, 체험부스 운영, 무료중식 등
Let's Show
Aighty9
Milky Way
4 권리 이야기 II
일시 | 2019. 4. 17(수)
내용 | 고령 장애인 장수사진 촬영
5 권리 이야기 III
일시 | 2019. 4. 29(월) 14:00~17:00
장소 | 북부복지타운 2층 장애인복지관
내용 | 보조기기(전동 휠체어 및 스쿠터) 수리 및 정비
문의 지역권익옹호팀 031.615.3973
주 관 평택복지재단 | 북부복지타운 평택북부장애인복지관
후 원 평택시, SM클럽, 남송탄로타리클럽, 삼성자판기, 송탄농협 미곡종합처리장, 송탄부락라이온스클럽, 스위트위드, 평택베스트로타리클럽, 평택북부장애인복지관 부모회, 홈플러스 송탄점
협력기관 BBS 평택시지회, 꿈꾸는 달팽이, 누리마루, 대한적십자 개나리봉사회, 로코, 서정동 지역사회보장협의체, 에바다마을, 평택자유공간들, 혜성원

2019

## 2021년 장애인의 날
# 인 人 -in 스토리
# 장애인의 일상을 이야기하다

### 카페인 스토리
- 4월 5일(월) ~ 30일(금)
- 이용인 작품으로 제작한 **컵홀더**
- 지역사회 내 카페에 배포
- SNS 해시태그 이벤트

### 일상인 스토리
- **배달의 만족**
  : 사연신청을 통한 장애인 가정
  특식전달
- **그랜드 파마**
  : 장애인 가족 사진촬영

### 공감인 스토리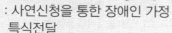
- 4월 13일, 20일, 27일(화)
- 행복한 아이의 봄날을 위한
  **장애아동 부모 양육코칭**
- 대면, 비대면 교육 진행
- 조송아음악치료연구회 대표 '조송아'

### 직장인 스토리
- 4월 5일(월) ~ 30일(금)
- **직장인의 일에 대한 스토리**
  **전시회**
- 복지관 앞 및 직업지원실 아람

### 캠페인 스토리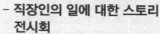
- 4월 8일, 15일, 29일(목)
- **장애인식개선 캠페인**
- 장애인식개선 동화책, N행시 전시
- 국제대학교 벚꽃길, 복지관 앞,
  인근 공원

### 인 스토리
- **보이는 라디오**
- 배달의 만족 사연 소개, 작가와의
  만남, 취업자 인터뷰
- 유튜버 '틱돌이' MC진행
- **평택북부장애인복지관유튜브채널&**
  **틱돌이유튜브채널을통해업로드**

# 2022

## 봄을 알리는 소리
### 장애인의 날

### 울리는 소리
- 4. 4 ~ 더 가까워지는 우리 사이
  (전시회 & 캠페인)
- 4. 20 우리들의 빛나는 하루
  (장애인의 날 기념식)

### 엮고는 소리
- 4. 15 장애 당사자의 특별한 하루I
  (내가 그리는 하루)
- 4. 28 장애 당사자의 특별한 하루II
  (나만의 홈카페)

### 알리는 소리
- 4. 4 ~ 따스한 봄 한잔
  (컵홀더 배포)
- 4. 14 장애인식개선 캠페인&
  동화책 전시회
- 4. 23 도전! 장애이해 퀴즈왕
  (장애이해 퀴즈대회)

### 외치는 소리
- 4. 21 도전! 봄소리를 울려라
  (자기 권리찾기 퀴즈대회)
- 4. 23 다같이 줍자! 동네 한바퀴
  (플로깅)

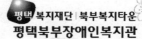

평택복지재단 | 북부복지타운
평택북부장애인복지관

평택북부장애인복지관에서 수행되는 연계는 사회적 지지 연계망의 성원들을 한데 엮는 것으로 나타난다. 이를 위해 사회복지사는 각 성원들이 지니고 있는 능력을 찾아 성원 간에 결합되도록 하고 있다. 이 연계는 연계망이 활용될 때 성원 간에 튼실하게 결합되어야 함으로 사회복지사는 각 성원의 욕구와 성향을 파악하여 이를 적극 활용하는 전략을 사용한다. 동시에 성원 간 갈등을 최소화하는 전략으로 성원 간 공유할 수 있는 접촉점을 점차 넓히는 작업도 수행한다. 또한 사회복지사는 연계망의 원활한 구축과 활용을 위해 평소 특정 주요 인물, 기관, 조직과 긴밀한 관계를 형성하려고 애쓴다. 또한 사회복지사는 참여 성원 간 쌍방 교류와 화합이 이루어지도록 노력한다. 연계망의 유지와 활용은 참여 성원들의 태도에 크게 좌우되기 때문에 사회복지사가 이들 성원이 서로 협력하면서 참여할 수 있도록 유도해 나가야 하기 때문이다.

사회적 연계망과 사회가 장애인과 그들의 가족들의 욕구들을 원조하는 동안 여가활동 시간과 기회를 제공하여 삶의 질을 올리는 데에도 평택북부장애인복지관은 최선을 다한다. 무엇보다도 장애인에게 신체활동과 정서적 지원 등은 매우 중요하다. 장애를 가진 사람들에게는 그들의 건강을 유지하기 위해 적절한 신체활동과 정서적 지원 등을 필요로 한다.

평택북부장애인복지관은 장애인 서비스이용자가 좋아하는 신체활동과 정서적 지원 내용 등을 파악하는 일부터 시작한다. 장애인에게 유용한 신체활동과 정서적 지원 등은 건강한 몸과 마음으로 장애인 서비스이용자를 회복시킨다.

이와 관련하여 2015년 사업으로 진행되었던 〈우리가족 힐링 프로젝트〉가 대표적인 사례로 제시할 수 있다.

이 사업의 배경 및 필요성으로는 먼저, 대상자 욕구와 문제점이 뚜렷했다는 것이다. 크게 두 가지로 설명할 수 있었다.

첫째, 영·유아 발달에 있어 출생 전은 물론 출생 후 몇 년 동안은 신체적 성장과 함께 인지, 정서, 언어 등 다양한 영역에서 발달이 이루어진다. 이러한 발달과정 중 어느 한 영역에서의 손상이나 문제의 발생은 정상발달의 범주에서 벗어나게 된다. 또한 그에 따른 문제의 영향으로 인해 유아가 성장함에 따라 다양한 발달 영역에 많은 영향을 미치게 된다. 그렇기 때문에 발달과정 중에 생긴 문제를 빠르게 발견하여 지원을 하는 것은 개인의 삶의 질을 좌우하는 중요한 일이다. 그러므로 선천적으로 문제를 가지고 태어난 아이나 후천적으로 독특한 문제를 가지게 된 아이라 할지라도, 이들을 조기에 발견하고 적절한 교육적 조치를 취할 필요성이 제기된다. 이러한 필요성을 바탕으로 각 아동의 긍정적인 방향으로의 발달을 위해서는 생태학적 관점으로 많은 영향을 미칠 수밖에 없는 가족들에 대한 지원의 중요성이 강조된다.

둘째, 장애자녀를 양육하는 것은 장애의 유형에 관계없이 쉬운 일이 아니다. 장애아동의 부모는 자녀의 장애를 받아들이고 적응해 가는 정서적인 면에 있어서나, 구체적으로 장애자녀를 양육할 때 필요한 정보 획득 면에서 어려움을 경험하는 경우가 많다.

다음으로는 지역 환경 특성이었는데 당시 평택시의 장애 인구 22,095명 중 재활 치료가 필요한 18세 미만의 인구는 1,800여명에 이르지만 장애아동 및 발달지연 아동의 가족 전체를 대상으로 하여 가족 역량을 강화시키는 프로그램을 진행하는 곳은 평택시 내에 거의 없는 실정이었다.

사실 이 사업은 경기도 사회복지공동모금회의 지원으로 가능하였다. "우리가족 힐링 프로젝트"라는 이 사업은 만 3세에서 만 18세 미만의 장애 및 발달지연 아동을 둔 가족을 대상으로 하여 진행되었다. 사업의 목적은 장애아동이 건전하게 성장하도록 가족의 역량강화를 지원하는 데에 있었다. 구체적인 사업 내용으로는 "우리가족 힐링 프로젝트"의 첫 번째로 '부모 심리지원 프로그램'으로 5회기의 부모 교육과 7회기의 집단 심리지원 프로그램이 진행되었다. 두 번째로 아빠와 장애아동이 함께하는 요리치료 프로그램 "파파 & cook" 1회기가 진행되었다. 세 번째로는 엄마와 비장애 형제자매가 함께하는 숲 체험 "엄마 어디가!?" 프로그램 등이 진행되었다.

총 50명의 장애 및 발달지연 아동의 가족이 참여하였으며, 12회기의 부모 심리지원 프로그램이 진행되는 동안 평균 98%의 참석율을 보이는 등 적극적인 참여가 이뤄졌다. 사업평가로 프로그램 만족도 설문을 하였는데 그 결과, 참여자의 94%가 프로그램에 대한 긍정적인 응답을 보였으며, 추후 평택북부장애인복지관에서 이루어지길 원하는 프로그램에는 어떤 것들이 있는 지에 대해 부모와 아동이 함께 하는 프로그램이 지속적으로 필요하다는 의견 및 부모 심리지원 프로그램, 가족 모두 할 수 있는 프로그램이 계속되었으면 좋겠다는 의견이 강하게 표출되었다. 사업수행을 담당한 사회복지사들의 참여관찰과 주관적 성과 측정을 토대로 사업성과를 도출하였을 때,

156

장애아동에 대한 가족의 수용과 긍정적인 정서적 에너지가 증진되었음을 파악하였다. 또한 가족 구성원 모두가 장애아동이 건강하게 양육할 수 있도록 조력자로서의 역할을 확립하려는 동기부여가 이뤄졌다. 더욱이 심리지원을 통해 양육 현장에서 일어나는 부정적인 감정 표출과 분노 충동을 적절히 승화시켜 긍정적인 양육태도를 견지할 수 있게 되었다. 그 결과 실제적으로 장애아동과 가족의 관계가 돈독해질 수 있었다.

2016년 "우리가족 힐링파트너" 사업에 참여했던 박○○ 아동 엄마인 염○○의 편지는 평택북부장애인복지관의 실천 활동이 얼마나 중요한 지를 보여준다.

까진 무릎을 내보이며 '엄마~~ 놀이 선생님, 아야!!'
'에구~놀이선생님하고 놀다가 넘어져서 다쳤구나, 아팠
어?' '응. 놀이선생님 아야'

누가 들으면 지극히 평범한 대화인데 …
저는 이렇게 수다를 떠는 아이를 보면서 감동받고 고마
워서 여기저기 자랑을 합니다. 이런 평범함이 감사제목
이 되게 해준 ○○이는 디조지신드롬이라는 희귀난치성
질환을 갖고 태어났습니다.
돌때까지 3번의 심장수술을 받은 후, 입으로 먹는 것과
혼자 앉는 것도 힘들었던 15개월 아이를 데리고, 어디
에서 어떻게 재활치료를 시작해야할지 막막했을 때, 가
까운 곳에 복지관이 생겨 치료 받을 수 있다는 소식이
반가워서 한걸음에 달려와 상담했던 기억이 납니다. 매
일 수도 없이 토하던 아이가 콧줄을 빼고 입으로 먹기
시작하고, 젓가락 같은 가는 다리로도 힘을 내 걷게 되
고, 엄마라고 의미있게 입을 열어 말해준 그 순간들을
공유하며 함께 웃고 울던 시간이 모여 더+행복한 치료
교육센터와의 인연이 벌써 3년이 되어갑니다.

이젠 밥도 잘 먹고 폴짝폴짝 뛰어다니며 어린이집 친구들 이름도 줄줄 외우는 멋진 아들 ○○이.
또래보다 느리고 연약한 모습이지만, 자기만의 속도로 잘 커주는 아이를 보며 엄마가 더 힘이 납니다.

지난 3년 동안 복지관에서 치료를 받으며 우리가족은 많은 혜택을 누리고 있어 늘 감사한 마음입니다. 사회성이 걱정일 때, 쁘띠랜드(그룹치료)를 제안 받아 또래친구에게 관심을 갖는 계기도 생겼고, 언어와 음악치료를 따로 받고 있었는데, 최근에 '언어-음악 연계치료'가 생겨서. ○○이에게 딱 맞는 치료인 것 같아 망설임 없이 신청해서 수업 받고 있답니다. 언어발달을 노래, 리듬 등으로 재미있게 촉진시켜주는 것 같아 만족하고 있습니다.
또 장애아동 뿐 아니라 부모, 형제자매까지 배려한 힐링 프로그램들은 정말 최고라고 생각합니다.
아픈 아이가 제일 힘들겠지만 가족들도 환경이나 정신적으로 힘들 때가 있는데, 스트레스 풀 곳도 딱히 없고, 더욱이 아이를 동반한 여행은 실천이 쉽지 않고, 마음 뿐이거든요.
사실 저희도 지난 해 4번째 심장 수술을 앞둔 상황에서,

그동안 동생도 생기고, 아직 어리다는 핑계로 병원과 복지관 외엔 제대로 된 여행을 하거나 어떤 추억들을 못 만들어 준 것이 참 아쉬웠습니다.

그런데 이런 마음을 어떻게 아시고. 복지관에서 가족들을 위한 힐링캠프를 준비하셨는지 정말 센스 Good. 용기내서 아빠와 함께 온가족이 캠프에 참여했고, 멋진 자연풍경이 있는 숙소도 좋았는데 1박2일의 프로그램들이 여유 있으면서도 알차서 가족 모두 행복한 시간을 보냈습니다.

가을엔 힐링나들이에 함께해서 아이들이 직접 농장체험도 하고, 소젖도 짜보고, 아빠들의 마음이 담긴 깜짝 영상도 보며 감동이 있는 여행을 다녀왔습니다.

두 번의 여행 덕분에 아이와 함께한 예쁜 추억이 많이 생겨서 좋았습니다.

그리고 엄마들을 위한 '힐링타임' 빠질 수 없죠. '부모가 행복해야 아이도 행복하다.'라는 간단한 진리를 바탕으로 부모교육도 받고, 선후배 엄마들이 서로 육아 경험을 나누며 공감, 위로, 격려하며 소통하는 시간이 저는 참으로 소중했습니다. 겉으론 씩씩한 척해도 톡 건드리면 눈물이 주르륵 흐르는 우리 엄마들에게 큰 힘이 되는 시간이었습니다.

혼자서는 아무리 긍정적으로 생각하려해도 열심을 내보려고 해도 무너지기 쉽지만, 비슷한 환경에 있는 여럿이 생각과 마음 나누다보면 살아갈 힘이 생기고, 서로 격려하며 시너지가 되는 것 같습니다.

우리 아이가 편견 없이 밝게 성장하고, 가족들도 행복한 삶을 살 수 있는 것은 정성으로 지도해주시는 치료사선생님들이 계시고, 장애우 가족까지 늘 생각하는 북부장애인복지관이 있어서입니다.

앞으로도 북부장애인복지관이 '힐링파트너'로써 우리지역 장애인가족들에게 다양한 프로그램으로 큰 힘이 되어주길 부탁드립니다.

## 제5장

사진으로 보는
평택북부장애인복지관의 역사적 발자취

# "우리는
당신의
행복한 꿈을
응원합니다."

2013 장애인의 날 행사

2013 지금 맛나러 갑니다!

2013 지금 맛나러 갑니다!

2013 겨울방학 늘해랑학교
'조선-고요한 아침의 나라'

2013 겨울방학 늘해랑학교
'조선-고요한 아침의 나라'

가족캠프

2014 Goal을 향해 뛰어라

2014 바보의 나눔 '함께여서 더+ 행복한 꽃집'

2014 장애인의 날
'함께여서 더+행복한 갈라콘서트'

2014 겨울방학 늘해랑학교

164

2014 부모역량강화프로그램
'강한부모-강한어린이'

2014 함께여서 더 행복한 한가위 '판'

2014 가족나들이 힐링패밀리

2014 감사의 밤

2015 함께여서 더 행복한 콘서트
'봄을 담은 이야기 하모니'

2015 홍보영상제작소 'Do Re Burn'

2015 엄마와 비장애자녀가 함께하는 프로그램
"엄마 어디가!?"

2015 아빠와 장애자녀가 함께하는 프로그램
"파파&cook"

2015 가족여행프로그램 '힐링캠프'

2015 부모역량강화프로그램 '부모교육'

2015 장애청소년 지역사회적응프로그램

2015 여름방학 '늘해랑학교'

2015 재가장애인 나들이
'함께여서 더+행복한 여행'

2015 방과후교실 '도담학교'

2016 가족역량강화프로그램 '엄마 어디가!?'

2016 평택북부장애인복지관 바자회

2016 '밥 숟가락 하나 더'

2016 성인장애인 나들이

2016 장애인 멘토링 프로그램
'날개를 달아 비상을 꿈꾸다 season3'

2016 장애인식개선 거리캠페인

2016 장애인의 날 행사
희망을 품은 이야기 하모니

2016 주거환경개선사업

2016 지역사회와 함께하는 시민특강
'질병의 마침표– 음식 속에 해답있다.'

2016 직업지원팀 동문회 '만나서 반가운 다솜'

2016 평택북부장애인복지관
'미션 비전 및 발전계획 수립'

2016 평택위너스 풋살단 친선경기

2016 한국 피아노재능기부협회와 함께하는
'작은 음악회 & 희망전달식'

2016 함께여서 더+ 행복한 감사의 밤

2016 또래중창단

2016 미리 만나는 크리스마스 4
family festival winter story

2017 K-크린 연계 주거환경개선

2017 성인장애인 나들이
'낭만과 여유가 있는 가을여행'

2017 장애아동 가족역량강화 프로그램
'진주가족'

2017 장애인식개선퀴즈대회 도전! 골든벨

2017 장애인의 날 '함께여서 더 행복한 하모니'

2017 직업지원실 아람 개소식

2017 직업지원실 아람 개소식2

2017 취업자 해외여행 '도톤보리 다이어리'

2018 5주년 기념 세미나 '장애등급제 폐지에
따른 장애인복지 현장의 변화와 대응'

2018 가족치료캠프 '패밀리가 떳다'

2018 성인발달장애인 노래경연대회 '히든싱어'

2018 장애인식개선 캠페인 '플래시몹'

2018 장애인식개선 퀴즈대회 '도전! 골든벨'

2018 장애인의 날 기념행사 '4기충전'

2018 제 2차 통합사례회의

2018 찾아가는 장애인식개선 인형극

2018 클라이밍 프로그램
'나 자신의 벽을 오르다'

2018 평택북부장애인복지관장배 배드민턴대회

2018 성인전환기 발달장애인 자기주장발표회
'小소한 이야기'

2018 시민옹호인과 발달장애인의 소통 프로젝트
'통그라미'

2018 함께여서 더+ 행복한 감사의 밤 '감사드림'

2018 함께여서 더+신나는 스키캠프

2019 가족치료캠프 '달고나'

2019 동문회 '홈커밍데이'

2019 발달장애 청소년 자기주장발표회

2019 스키캠프
'함께여서 더 신나는 스키캠프 시즌4'

2019 워터축제 '여름은 수요일이 좋아!'

2019 장애인식개선 퀴즈대회 도전! 골든벨

2019 장애청소년 멘토링사업

2019 지체장애인 등산프로그램
'같이(가치) 오름'

2019 취업자 해외여행
'빛나는 앙코르와트! 빛나는 우리 청춘'

2019 평생교육 자립캠프 '나날이 나아지는 나'

2019 평택북부장애인복지관 부모회 출범식

2019 평택시 장애인 인권영화제

2019 희망이사회 출범식

2020 아람 컨테이너 기증식

2020 긴급지원사업

2020 통합사례회의

2020 크리스마스지원사업

2020 직업지원팀 동문회

2020 김장지원사업 '온(溫)택트 희망 더하기'

2021 배달의 만족

2021 여름기획행사 홈캠핑

2021 워킹홀로데이

2021 자기주장발표회

2021 장애인식개선 그림책 출판기념회

2021 장애인식개선 동화책 전시

2021 장애인식개선 캠페인

2022 경기도 수원병원과 함께하는 이동진료

2022 부모아동상호교감프로그램 '치료캠프'

2022 성인장애인 나들이

2022 신나는예술여행
'사물놀이 땀띠가 들려주는 장애와 국악이야기'

2022 에스티방역 연계 주거환경개선사업

2022 여름방학 프로그램 '나의 해방일지'

2022 장애인 인권교육

2022 장애인식개선 그림책 출판 기념회

2022 장애인식개선 사생대회 시상식

2022 장애인의 날 기념 발달장애인
'나의 권리 알기 퀴즈대회'

2022 장애인의 날 기념 봄을 알리는 소리 (2)

2022 자기주장발표회

2022 감사의 밤 '고마운 이름에게'

2022 팡팡운동회

2023 1차 통합사례회의

2023 경기도의료원과 함께하는 '무료이동진료'

2023 성인장애인 나들이
'함께 그리는 여행스케치'

2023 장애인의 날 행사 'harmony'

176

2023 장애인의 날 행사 'harmony'

2023 휠체어 무상수리지원

2017 평택북부장애인복지관 직원 사진

2018 평택북부장애인복지관 직원 사진

2019 평택북부장애인복지관 직원 사진

2021 평택북부장애인복지관 직원 사진

2022 평택북부장애인복지관 직원 사진

2023 평택북부장애인복지관 직원 사진

## 제6장

사명으로 실천하기

평택북부장애인복지관의 장애인을 향한 사회복지실천은 시
작부터 마무리까지 철저하게 권리 지향적인 사람 존중의 자세
로 실행된다. 평택북부장애인복지관이 평택시와 장애인 집단
들로부터의 사회적 신뢰와 인정을 얻고, 장애인 중심에 기초한
진정성 있는 사회복지실천을 실행할 수 있는 것은 바로 이렇게
'권리 지향적인 사람 존중의 자세'를 가지는 것으로 사회복지
실천이 채워졌기 때문이다.

## 1. 평택북부장애인복지관 사회복지실천의 특성: 권리 지향적인 사람 존중의 개입실천

'권리 지향적인 사람 존중의 가치를 실현한다는 것'은 일반적
인 사회복지실천의 방법과 기술을 적용하면서도 보다 더 사람
중심의 관점으로 특화된 장애인 당사자의 욕구를 세심하게 반

영하는 개입실천을 수행한다는 의미를 담고 있다. 평택북부장
애인복지관이 권리 지향적인 사람 존중의 가치를 실현하는
것은 '장애인과 함께 장애인의 입장에서 장애인이 필요로 하
고 바라는 바를 추구'하며 이를 가능케 하는 총체적인 활동
을 끊임없이 추진함을 뜻한다. 특히 평택북부장애인복지관
의 사회복지실천은 장애인 당사자 공감을 기본으로 하면서
당사자의 바람직한 변화를 창출하고 궁극적으로는 당사자의
행복을 실현하는 통합적이며 종합적인 사람 중심의 전문적
개입실천이다.

  이렇게 평택북부장애인복지관이 권리 지향적인 사람 존중
의 개입실천을 장애인과 함께 실행하면서 펼쳐내는 접근들 중
가장 대표적인 두 가지 업무가 있다.

### 1) 자원개발

  장애인과 함께 하는 사회복지실천을 효과적으로 감당하기
위해 평택북부장애인복지관은 실천개입 시에 요긴하게 쓸 수
있는 다양한 자원들을 탐색하고 활용한다. 이를 위해 복지관
의 사회복지사들과 실천가들은 자원에 대한 깊은 관심과 심도
있는 인식을 한다. 여기에서 자원이란 장애인 서비스이용자의

욕구를 충족시키기 위해 사용되는 이용 가능한 것으로 시설이나 설비, 기관, 제도에서부터 지식이나 정보, 기술까지 유·무형의 모든 것을 포함한다. 무엇보다도 평택북부장애인복지관은 다양하고 복합적인 욕구를 지닌 장애인 서비스이용자들의 욕구를 충족시키고 그들의 사회적 기능을 향상시키는 데 있어서 필수적인 요소인 자원들을 발굴하고 연계하여 효과적으로 활용한다.

장애인과 함께 하는 사회복지실천을 활성화시키고, 이를 통해 효과적인 서비스를 제공하기 위해 평택북부장애인복지관은 평택시의 새로운 자원을 개발하려고 애쓴다. 바로 자원개발을 적극적으로 수행한다. 자원개발이란 지역사회의 공동체 의식을 토대로 사회 구성원들이 그 사회의 문제해결과 예방을 위해 자발적으로 자신들의 인적, 물적, 재정적 자원을 투자하도록 동기를 부여하고 적극적인 참여를 이끄는 과정이다. 여기에서 중요한 것은 자원개발이 무조건적으로 자원을 끌어들이는 활동이 아니라 오히려 지역사회에 널려 있는 무수한 자원들을 지역주민의 삶 속에서 소통되게 하는 일이다.

이와 관련하여 2014년에 진행된 "꽃 판매 활동을 통한 특수학교 졸업 장애인들의 직업재활 프로그램 장애인과 함께하는 〈더+ 행복한 꽃집〉" 사업이 있다. 이 사업의 목적은 특수학교 졸업 장애인들을 대상으로 꽃 판매를 위한 교육 및 훈련을 실시하여 플라워 마케터로 양성하는 것이었다. 이를 통해 사업 참여자들에게 고정적인 수익 배분금을 지원함으로써 경제적 자립의 기초를 확립하고 지역사회 내에 장애인 일자리 사업의 질적 향상과 다양성을 지역사회에 알리는 것이었다.

주요 사업은 다음과 같은 세부 사업들로 구성되었다.

첫째, 플로리스트 교육 사업이었다. 대상은 사업 참여자 10명(특수학교 졸업생)이었으며 사업수행 인력은 외부 강사들이었다. 실제적인 사업 내용은 꽃 이름과 꽃을 통해 얻을 수 있는 여러 효과에 대한 교육, 화훼 유지 교육(온도, 수분 토양), 분갈이 교육, 화훼 장식 교육, 진열 교육 등이었다. 수행 시기는 매월 1회였다.

둘째, '꽃을 사세요. 꽃을 사~'라고 명명된 판매 사업이었다. 대상은 사업 참여자 10명(특수학교 졸업생)이었으며 사업수행 인력은 외부 강사들이었다. 사업 내용은 주 3일 판매 거점에서 꽃 현장 판매 활동을 실시하는 것이었고, 전화 주문 접수 및 배달 판매 지원까지 병행하였다. 수행 시기는 매주 3일이었다.

셋째, '꽃씨 뿌리기' 사업이었다. 대상은 평택시 사회복지 유관기관들이었다. 사업수행 인력은 평택북부장애인복지관의 사업 담당자 1명이었다. 사업 내용은 이상에서 설명한 사업 종결 후 사업성과 자료집을 제작하여 성과 자료집을 지역사회에 배포하는 것이었다. 수행 시기는 2014년 12월이었다.

실질적인 이 사업의 성과는 다음과 같이 도출되었다.

첫째, 사업 참여자 10명에 대하여 1인당 월 10만원 이상의 수익 배분금을 제공함으로써 생활의 안정과 경제적 자립을 향한 실질적인 경험을 할 수 있었다.
둘째, 장애인 일자리를 창출하고 단순 반복 작업에서 벗어나 장애인 일자리의 질을 향상하였다.
셋째, 직업훈련을 비롯한 사회적응훈련을 함께 진행함으로써 장애인 보호자들의 양육과 교육의 부담을 감소시킬 수 있었다.
넷째, 사업을 지역사회 내에 홍보하고 지역적 관심을 유도하여 장애인 고용의 발판을 마련할 수 있었다.

   그렇다면 이 사업은 무슨 이유로 추진되었는가? 평택시에 거주하는 2013년 특수학교 졸업자 58명 중 취업자가 0명이었던 현실에서부터 출발하였다. 사실 이 사업의 수행 시기 당시까지 평택시는 2013년 한해만이 아니라 거의 해마다 2개의 특수학교와 10개의 일반학교 도움 반에서 약 58명의 졸업생을 배출하였는데 특별히 2013년 2월 기준 특수학교 및 일반학교에서 배출된 졸업생 중 취업에 성공한 장애인은 단 1명도 없었다는 것이다. 대다수 졸업생들이 졸업 이후의 미래를 준비하지 못한 채 직장이 아닌 어쩔 수 없이 다시 가정으로 돌아갈 수밖에 없었던 실정이었다. 설상가상으로 이 시기 평택시 소재 28개의 장애인 유관기관 중 장애인이 이용할 수 있는 주간보호시설은 4곳, 장애인복지관은 2곳에 불과했다. 더욱이 모든 장애인주간보호시설은 이미 만원에 이르렀고 대기자도 많아 즉시 입소가 불가능하였으며 장애인복지관 2곳의 경우에도 종일 이용할 수 있는 프로그램이 없었다. 이렇듯 평택시는 특수학교 졸업 이후의 복지 사각지대에 진입한 장애인들을 흡수할 수 있는 충분한 제도적 장치가 마련되지 못했었다. 이에 지속 가능한 생애주기별 교육과 직업훈련을 통해 온전한 자립과 사

회적 진출을 이끌 수 있는 매개가 반드시 필요하다고 평택북
부장애인복지관은 보았다.

　더욱이 특수학교 졸업 이후 장애인 거주시설에 입소하지 못
하거나 장애인주간보호시설을 이용하지 못하는 장애인들은
하루 중 대부분의 시간을 보호자와 보내게 된다. 비록 장애인
활동지원제도로 양육의 일정 부분을 국가에서 일부 지원하고
있지만 여전히 미흡한 실정이다. 그러다보니 하루 중 대부분의
시간을 자녀와 함께 보내는 부모들은 극한 피로감을 겪는다.
그 결과 많은 장애아동의 부모들이 고도의 우울증상을 띠게
된다. 장애인 부모들의 양육 부담을 줄이기 위한 접근은 장애
인복지관에서 해야 할 중요한 사명인 것이다.

　감사하게도 평택북부장애인복지관은 이 사업을 수행할 수
있는 기초 인프라와 경험을 이미 확보하고 있었다. 천안연암대
학교 화훼디자인학과는 직업재활사업의 일환으로 이 사업을
진행하게 될 경우 적극적 지원을 약속한 상태였다. 복지관의
기존 예산으로 부족했던 직업재활을 위한 교육비 및 사업비용
은 '바보의 나눔 재단'으로부터의 사업비 지원을 받을 수 있었
다. 더욱이 지역 내 2개의 농원으로부터 호접난과 각종 화초
를 후원받아 판매할 수 있었다. 특히 호접난은 무상으로 지원
을 받았으며 화초는 원가에 공급 받았다. 그 결과, 판매한　수

익금은 오롯이 사업 참여 장애인들에게 환원될 수 있었다.

어떻게 이 사업이 성공적으로 이뤄질 수 있었을까? 장애인의 직업생활을 통해 장애인 가족의 역량을 강화해가야 한다는 명확한 사업수행의 비전이 있었고 그 비전을 달성하려는 분명한 사명이 갖춰졌을 뿐만 아니라 실제적인 가용 자원들을 적극 개발하여 연계 활용했기에 가능했다고 본다.

평택북부장애인복지관의 사회복지사와 실천가는 비전을 품은 사람들이다. 그들은 먼저 장애인 서비스이용자의 자립적인 삶의 비전을 본다. 그리고 나서 그들은 이것이 현실화되게 만든다. 이렇게 일이 되게끔 평택북부장애인복지관은 우선 복지관 내의 다른 사람들(사회복지사 및 직원들)과 팀을 이루어 협력하는 가운데 그 다음으로는 지역사회의 여러 자원들을 동원하여 연결함으로써 사업의 목적을 달성하려는 비전을 실현한다. 이때 비전을 이루기 위해서는 꾸준히 실행하는 힘이 요구된다. 비전이라고 하는 목표에 도달하기 위해 취할 수 있는 작고 실천 가능한 단계들을 생각한다. 이것은 사회복지실천을 실행하기 청사진이 된다. 이 청사진은 사명이라고 부르는 것이다. 그리고 이 사명은 체계적이고 구체적인 자원개발과 연계 및 활용 등을 뒷받침하는 강력한 힘으로 작용한다. 그 결과 성공적인 사회복지실천이 나타난다. 평택북부장애인복지관은 이와 같은 '비전 → 사명 → 자원개발과 연계 및 동원과 활용 → 성과 산출'로 이어지는 실천 개입의 과정을 생생하게 보여 주는 현장이다.

· 여기에서 특히 평택북부장애인복지관의 자원개발은 지역사회에서, 지역사회로써, 지역주민의 삶과 함께 다양한 자원들이 서로 소통하도록 풀어내는 것이다. 실제로 우리네 생활전반에는 수많은 자원들이 보이지 않으면서도 세상에 두루 스며들어 면면히 흐르고 있다. 그래서 사회복지사와 실천가는 장애인복지실천 서비스이용자들이 비장애인들이 이용하는 것을 함께 이용하고 비장애인이 누리는 것을 함께 누리게끔 하면 된다. 다시 말해 장애인복지실천 서비스이용자의 삶이 비장애인들의 것과 같거나 비슷하게 되게끔 부족한 자원을 연결하고 소통되게 하는 것이 평택북부장애인복지관의 진정한 자원개발의 목표가 되고 있는 것이다.

또한 평택북부장애인복지관의 자원개발은 가장 먼저 사회복지사와 실천가의 자원개발을 향한 동기 찾기부터 시작하여 몇 가지 세부 주안점에 따라 구체화된다. 즉, 장애인과 함께 하는 사회복지실천가가 지역사회를 위해 실천개입 활동을 수행하기로 결심했다면 가장 먼저 사회복지실천은 사회복지적인 가치를 따르는 하나의 소명임을 깨달아야 함을 평택북부장애인복지관은 기본적으로 전제한다. 다음으로 어떤 유형의 장애인과 함께 하는 사회복지실천 업무가 자신에게 가장 만족을 주는지, 그리고 실천개입에 얼마나 많은 시간을 사용할 수 있는지를 확인한다. 이를 위해 평택북부장애인복지관은 관장을 비롯하여 사무국장과 과장 등과 같은 리더들과 일반 직원들 간에 충분한 의사소통을 가지려고 애쓴다. 어떤 분야의 업무가 실천개입을 수행할 때 좋겠는가?, 관심 있는 이슈나 분야가 무엇인가?, 어떤 실천 개입을 가장 먼저 하려고 하는가?, 실천 개입에서 가장 초점을 맞추려는 것은 무엇인가? 등을 끊임없이 직원들 간에 대화하며 또 다양한 직원교육을 통해 확인하고 점검하여 실제 복지관 내 업무 분장과 조정 등으로 반영한다.

## 2) 마케팅과 모금

평택북부장애인복지관의 자원개발을 평택시를 중심으로 하는 지역사회에 있는 다양한 자원을 소통되게 하는 것이라고 할 때, 자원을 개발하는 수많은 기술들 중에 가장 핵심적으로 말할 수 있는 방법은 역시 마케팅과 모금이라 할 수 있다. 장애인과 함께 하는 사회복지실천을 관리 운영하는 평택북부장애인복지관은 재활, 치료, 상담, 교육, 사례관리, 정보제공, 긴급구호 등의 무형의 사회복지실천 서비스를 제공하고 이를 통해 바람직한 사회복지적인 가치를 지역사회 내에 실현하려고 노력한다. 장애인과 함께 하는 사회복지실천 현장에서 요구되는 다양한 자원들이 효과적으로 개발되기 위해서는 사회복지 가치를 실현하는 실천 개입이라는 숭고한 인간 존중의 이념이 지역사회의 여러 구성원들에게 인식되어야 한다.

그러므로 장애인과 함께 하는 평택북부장애인복지관의 사회복지실천이 홍보나 계몽 등과 같은 방법을 통해 효과적으로 지역사회와 주민들에게 표현되거나 알려져야 한다. 결국 마케팅은 생각으로만 이루어지는 것이 아니라 마케팅 전략과 목표 작성, 구체적인 계획을 통해 연결되어야 한다. 그리고 마케팅은 모금과 재원 확보에 직결된다. 다시 말해 모금과 재원 확보를 위한 기초 작업은 마케팅 전략의 수립이다. 전략적 계획 없이 성공적인 모금을 할 수 없다. 전략 없이 사업을 진행하거나 모금을 하는 것은 마치 지도 없이 여행을 떠나는 것과 같다.

평택북부장애인복지관의 마케팅 및 모금 전략은 다음과 같다.

첫째, 기관의 실천 가치를 공유하는 것이다.

기관의 목적과 기관의 실천 사업의 내용에 대한 후원자의
이해 및 동의는 반드시 필요하다. 그래서 기관의 미션과 목
적, 실천 가치를 '장애 친화적 지역사회 만들기'라는 간결한
언어와 함께 후원자에게 충분한 설명한 제공한다. 특히 희망
이음마을 이라는 브랜딩 사업과 함께 장애인식개선 컨텐츠의
상징이라 할 수 있는 카멜프렌즈를 활용하여 지역사회에 알
리고 있다.

둘째, 직원들의 자원개발에 대한 토론과 공감문화를 형성한
것이다.

평택북부장애인복지관이 가진 좋은 문화중 하나가 직원들
과의 토론 문화다. 사업을 구상하는 단계에서 사업 내용 및 대
상을 충분히 이해하고 자원 개발의 필요성에 대해 공감과 납
득의 과정을 거친다. 이러한 납득은 자원 개발의 필요성을 확
신하게 하고 마케팅과 모금을 효과적으로 이룰 수 있도록 돕
고 있다.

셋째, 전문적 인력배치이다.

2018년 이후 마케팅 및 모금에 대한 중요성을 더욱 인지하고 후원 업무를 운영지원팀으로 분리하여 10년 이상 평택에 거주하여 지역을 잘 이해하는 과장급의 중간관리자에게 배치하였다. 이러한 전문 인력 배치는 지역자원과의 연계를 활성화하기 위한 평택북부장애인복지관의 필수불가결한 선택이었고 이를 통해 담당자는 모금과 마케팅 업무에 전념한 결과 연 10%이상의 후원 모금액이 증액되었음을 확인할 수 있다.

넷째, 희망이사회와의 협업이다.

평택북부장애인복지관의 희망이사회는 요식업, 환경업, 건설업, 서비스업 등 다양한 업무에 종사하는 50여명의 평택시민들로 구성 되었다. 평택 지역 각계의 전문가들이라 할 수 있는 이들은 복지관의 실천 가치를 공감하고 물심양면으로 도움을 제공하는 가장 큰 지원자라 할 수 있다. 이들은 복지관의 후원자 및 자원개발자의 역할을 적극 수행하고 있으며 각자의 시간과 자원을 할애하여 자원개발에 많은 도움을 주고 있다.

다섯째, 후원 대상의 세분화 및 차별화된 접근이다.

평택북부장애인복지관을 돕는 이들은 매우 다양하다. 단순 개인 후원자, 로타리클럽이나 적십자와 같은 지역단체, 그리고 (주)세우, 경기고속도로 같은 기업 등 복지관을 후원하는 이들의 종류도 동기도 매우 다양하다. 그래서 이들의 특성에 따라 마케팅과 모금의 전략을 달리하고 있다. 후원자의 정보를 복지관 사업과 연결하여 타당성을 분석하고 예측하여 후원자에게 후원을 요청하고 있다. 개인 후원자에게는 정기 CMS 및 비정기적 금품을 지역 단체에는 단체의 목적과 활동방법을 고려하여 사업을 제안하며 활동에 대한 구체적 컨설팅을 돕는다. 예로 2019년 송탄지역 로타리클럽 연합과 함께한 직업 평가실 및 후원창고 지원은 활동에 대한 고민을 하던 송탄지역 로타리클럽 연합에 필요와 방법을 계획하여 전달함으로써 사업이 성사되었다.

또한 기업에는 사회공헌 활동을 통한 상생을 위해 사업계획서 또는 프로포절을 작성하여 사업비나 후원품을 획득한다. 기업의 특성을 살려 사회공헌 담당자와 소통하며 사업의 구체성을 높이고 실현 가능성과 기업의 실리를 제공함으로써 후원 및 지원에 대한 체결 가능성을 높이고 있다.

　　평택북부장애인복지관의 마케팅에 대한 첫 번째 사례를 소
개한다.

　　10년이라는 시간동안 복지관이 장애인식개선과 장애 당사
자의 삶의 질 향상을 위해 무수히 많은 노력을 했음에도 불구
하고, 지역주민들에게 복지관을 알리고, 장애인 복지에 대한
관심을 불러일으키기에는 다소 한계가 있었다. 그렇기 때문에
효과적인 마케팅을 위해 기존에 사용하던 홈페이지 홍보, 온
라인 홍보 외에 복지관을 브랜딩하는 과정이 필요했다.

　　복지관 브랜딩을 위해서는 목표설정, 고객 중심의 접근, 시각
적인 아이덴티티 구축, 커뮤니케이션 전략 등을 꼽을 수 있다.
복지관에서는 그 중 복지관을 시각적으로 인식시키고, 브랜드
인지도를 높여 지역사회 내 친근한 이미지를 정립할 수 있도록
마스코트를 만들어보기로 했다. 공식 마스코트 캐릭터를 찾기
에는 어렵지 않았다. 2020년부터 2022년까지 시민참여형 프
로그램 '새 생각을 짓는 동화공방'에서 장애인식개선 동화책
이 여러 권 완성되었기 때문이었다. 장애와 관련된 동화책 주
인공을 복지관 캐릭터로 활용하면 의미가 있기에 시민 작가님
들의 동의를 얻어 귀여운 이미지로 2차 가공하여 카멜이(시각

평택북부장애인복지관 마스코트 '카멜프렌즈'
카멜프렌즈는 장애인식개선 그림책 '새 생각을 짓는 동화공방'
작품으로 탄생한 평택북부장애인복지관 자체 캐릭터입니다.

장애), 토토(지체장애), 보리(안내견) 등 5개의 캐릭터로 구성
된 '카멜프렌즈'가 탄생하게 되었다.

복지관 공식 마스코트(캐릭터)가 만들어진 이후 복지관 장
애인식개선 컨텐츠, 각종 홍보물, 안내문 등에 캐릭터를 삽입
하여 카멜 프렌즈를 보면 자연스럽게 평택북부장애인복지관
을 떠올릴 수 있도록 마케팅에 활용하고 있다.

평택북부장애인복지관의 사업을 활용한 마케팅에 대한 두 번째 사례를 설명한다.

2020년 전 세계를 패닉으로 빠지게 만들었던 코로나 19의 직격탄은 대면서비스를 해왔던 장애인복지관에 큰 위기로 다가왔다. 비대면이라는 생소한 아이템을 어떤 방식으로 풀이를 할 것인가는 평택북부장애인복지관 뿐만 아니라 전국의 복지관에 막연한 과제로 던져졌을 것이다. 직업지원팀에서는 매년 근로자의 날에 근로의욕을 고취하기 위해 직업지원팀 동문회를 진행하였으나 항상 대면으로 진행해왔기에 어려움을 겪었다.

비대면으로 할 수 있는 방법을 고안하던 중 당시 TV 프로그램이었던 '아무튼 출근'을 오마주하게 되었다. '아무튼 출근'은 직장인이 주인공이 되어 근무 환경, 담당직무 등을 소개하는 프로그램으로 직업에 대한 정보를 제공하는 프로그램이다. 코로나로 만남이 잠시 멈춤이 됐을 뿐, 직장인들의 직장생활은 진행중이였다. 장애인도 근로 주체임을 알리고 장애인 직업생활에 대한 편견해소와 긍정적인 인식개선을 위해 근로자의 날 기념 이벤트 '아무튼 출근'을 진행하였다.

장애인 근로자들이 각 자의 근로지에서 일하고 있는 사진

촬영 후 지역주민들의 응원 메세지를 받는 방식으로 진행되었다. 응원 메세지 중 심금을 울렸던 메시지는 다음과 같다.

"사회구성원의 한 사람으로 역할을 잘하고 있는 우리 형, 누나 분들을 보면서 우리 아이도 커서 저렇게 잘 해낼 수 있겠구나 하는 안도감이 듭니다, 모두 멋져요! 색깔은 여러 가지이 조화롭게 어울러져야 더 아름다운 것 같습니다"

장애아동을 양육하고 있는 보호자의 메세지에서 따뜻함과 감사함 그리고 왠지 모를 울컥함이 녹여져있다. 이렇게 직업재활실천 안에서 홍보를 통해 장애인근로자의 존재와 직업활동이 지역사회와 주민들에게 알려졌다.

2016년, 평택북부장애인복지관에서 여러 사업들을 수행함에 있어서 공간에 대한 한계가 발생하였다. 치료실과 직업재활실을 제외하면 순수 프로그램실은 사실상 고작 1개였는데 이미 20여종의 프로그램을 약 400여명이 이용하고 있었다. 이로 인해 복지관에서 신규 사업과 기존 사업을 동시에 운영할 때, 커다란 어려움을 겪었다. 이에 직업재활 전문성 강화를 위한 공간, 복지관 내 공간 확보를 위해 관내 여러 곳에 부지를

아무튼 출근

요청하였으며 그 결과, 구 노인정의 건물을 활용할 수 있게 되었다. 놀라운 성과였다. 확보된 부지에다가 실제적인 복지관 공간을 마련하는 일이 뒤이어 진행되었다.

지역사회 내의 여러 자원들과의 연결을 통해 토지 다지기, 화장실 공사, 프로그램실과 사무실 등 건물 내·외부 보수공사를 지원 받았을 뿐만 아니라 자원봉사 연계 등 구체적인 도움

아람 리모델링

과 협력으로 현재의 직업재활실 "아람"으로 새롭게 탄생하게
되었다.

　이상과 같이 성공적인 사업 수행을 한 결과, 평택북부장애
인복지관은 자원개발의 효과를 높일 수 있기 위해서 다음과
같은 몇 가지 질문을 제기하고 이에 대한 대응 전략을 마련하
여 복지관의 사업 마케팅과 모금 및 재원 확보 노력을 더욱 구
체화해 나가고 있다.
　□ 복지관의 마케팅 전략이 사회복지적인 가치에 부합하면

서도 동시에 장애인과 함께 하는 사회복지실천의 전체 목
적에 기여하고 있는가?

□ 복지관이 지향하는 목적 달성의 관점에서 외부의 위협과
지역사회의 기회를 정확하게 분석하고 반영하고 있는가?

□ 외부 환경의 위협 요소를 대처하기 위한 현재와 잠재적인
복지관의 자원과 기술에 대하여 평가하고 있는가?

□ 구체적인 목표를 달성하기 위한 마케팅 전략이 세워졌는
가?

□ 전략 수행을 확실히 하기 위한 마케팅 기능에 필요한 복
지관의 시스템을 세웠는가?

□ 목표달성과 중간 진행을 체크하기 위한 점검표가 작성되
었는가?

한편 평택북부장애인복지관은 마케팅과 모금 및 재원 확보
나아가 자원개발을 위해 소식지를 정기적으로 발간하고 있으
며 홈페이지를 비롯한 유튜브 영상과 온라인 통로 등 다양한
경로로 홍보 활동을 전개하고 있다.

평택북부장애인복지관 온·오프라인 홍보

평택북부장애인복지관 온·오프라인 홍보

## 2. 평택북부장애인복지관의 사람중심 실천을 향한 끊임없는
   조직 혁신

평택북부장애인복지관은 지난 10년 동안 사람중심 실천을
향해 지속적으로 조직 혁신을 추진해왔다. 그리고 이는 지금
도 계속된다. 평택북부장애인복지관의 사람중심 실천의 독특
성은 장애인 서비스이용자를 대할 때, 단점이나 한계, 약점이
아니라 강점에 초점을 두는 데에 있다. 이는 서비스를 제공하
는 복지관의 사회복지사와 실천가에게만 필요하다고 보지 않
는다. 서비스를 제공받는 장애인들도 사람을 다르게 바라볼
수 있는 역량을 키우고 이를 토대로 강력한 삶의 변화를 끌어
낼 수 있는 비전을 세우게끔 한다.

평택북부장애인복지관의 사회복지사와 실천가는 장애인 서
비스이용자의 삶의 문제들을 무조건적으로 빨리 해결하려는
유혹에서 벗어나기 위해 애쓴다. 대신 진정한 변화를 위해 열
매가 무르익기를 기다리듯이 시행착오까지도 감수하는 수고
를 마다하지 않을 헌신적인 실천 개입을 수행한다. 장애인 서
비스이용자 개인은 물론이고 가족과 또래 집단 나아가 지역사

회 내의 연계 조직들, 그리고 거시적 체계 수준의 변화까지도 장기적으로 바라보는 서비스 제공의 기나긴 여정을 각오한다. 그러면서도 좌절하지 않고 서비스이용자와 관련 사회체계의 변화를 염원한다. 당연히 지속적인 도전을 추구한다.

무엇보다도 사람중심 실천을 도모하는 평택북부장애인복지관은 장애가 있는 사람의 존엄한 삶에 대한 고민을 심도 있게 한다. 장애가 있는 개인들이 평택시라고 하는 삶의 터전 그 어디에서도 충분하게 존중받으면서 의미 있는 행복한 삶을 살 수 있기를 소망한다. 당연히 평택북부장애인복지관의 사회복지사들과 실천가들은 이 소망을 이루기 위해 지역사회의 여러 유관기관들과 공무원들에게 올바른 장애 이해를 인식시키는 다양한 노력을 한다.

이러한 사람중심 실천이 철저하게 내면화된 복지관 조직을 만들기 위해 시설장인 관장으로부터 사무국장과 중간관리자, 실무자에 이르기까지 사람중심 관점에 기초한 사회복지실천을 수행하기에 가장 적합한 업무 시스템을 구조화하려고 노력한다. 여기에는 복지관 업무 시스템 안에서 개방적이고 활발한 소통과 공유 그리고 외부 조직과의 유기적인 연계 등이 장려된다. 그 결과 평택북부장애인복지관은 직원들과 장애인 서비스이용자들의 상호작용이 매우 긍정적인 정서적 에너지로 충만하게 채워진다. '하하 호호' 웃음 소리가 끊이지 않는다. 관장은 사람을 가장 소중하게 여기는 복지관의 업무 방향을 늘 제시하고, 사무국장을 비롯한 중간관리자는 사람중심 실천 원리에 기초하여 조직 전반을 살피고 소통하며, 실무자는 사람중심 실천 원리에 따라 장애인 서비스이용자와 가족 그리고 지역사회와 열린 관계를 통해 사회복지실천을 수행한다.

이를 통해 서비스 제공자와 수급자 모두가 다양성을 존중받고, 수평적인 대화와 소통을 통해 실천가와 대상자라는 경계가 허물어지고 동반자적인 인식 가운데에 문제해결을 향한 동역이 가능해진다. 아울러 복지관 내에서도 각각의 사업부서 또는 사업팀의 경계를 넘어 조직 전체가 사람중심 실천으로 하나가 되는 조직 문화를 형성하고, 조직 외부에 있었던 서비스이용자들과 이해당사자들까지도 복지관의 든든한 지원군으로 만들어낼 수 있었다.

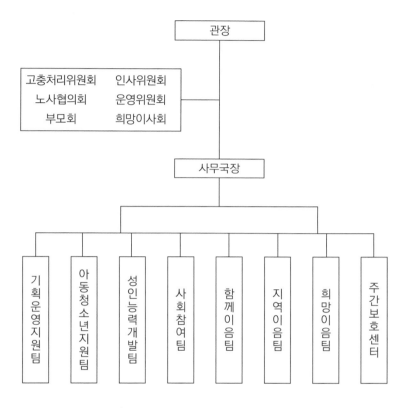

[2024년 조직개편에 따른 조직도(안)]

한편 평택북부장애인복지관의 사람중심 실천이 극대화되어 나타나는 임상적 개입 활동이 있다. 바로 장애영유아 조기개입지원사업이다. 평택북부장애인복지관의 조기개입실천은 무엇보다도 가족과 함께 접근한다는 독특성을 견지한다.

장애영유아 발달에 있어 양육환경과 그 가족의 역할은 매우 중요하다. 조기 개입은 발달의 기초를 형성하는 생애 초기아동과 그 가족들의 삶에 개입함으로써, 장애로 인한 부정적인 문제와 2차적인 장애 발생 등을 예방하고, 아동의 발달을 촉진하는 역할을 수행하는 측면에서 그 당위성을 가진다.

평택북부장애인복지관은 사회의 구조화된 중재 및 컨설팅을 추구하는 방향으로 가는바 이에 따라 가족 중심 조기개입 서비스를 진행하고 있다.

영유아 가족 중심 조기개입 사업은 1:1 치료서비스에서 벗어나 다 영역의 전문가들이 아동의 가정으로 방문하고 이후 부모를 코칭 하며 장애아동 및 발달지연 아동에게 일상의 학습기회를 제공하여 아동의 학습발달을 이루도록 가족이나 양육자를 지원하고 도와줄 정보, 자료를 제공하는 것을 목표로 하고 있다. 평택 북부장애인복지관에서는 지난 2019년, 2020년도 발달지연 및 장애아동을 가진 부모들과 종사자들을 대상으로 사업 이해에 대한 교육을 진행하였다. 이후 2021년도부터 2023년 현재까지 이용자들에게 조기개입 서비스를 제공하고 있다.

　이 사업의 경우, 생에 첫 3년의 두뇌개발의 중요성에 발맞춰만 36개월 이전 발달지연 및 장애를 진 아동들에게 서비스를 제공한다. 개입의 절차로는, 선별(평가의뢰) → 조기개입서비스팀(조기개입서비스안내) → 가족평가 → IFSP 회의 실시 → 가족 지원, 목표 및 서비스 계획, 조기개입팀 회의(주서비스제공자, 서비스코디네이터) → IFSP 실행 → 종결 회의 → 종결 순으로 진행된다.

　IFSP(Individual Family Service Plan)는 개별화 가족지원 계획서로 조기개입서비스를 제공하기 위해 작성하는 기록 문서이다. 이 문서에는 아동과 가족에 대한 평가 그에 따른 장기목표 단기목표가 들어가게 된다. 서비스 주 제공자는 아동의 가정에 방문하여 목표에 따라 매주 1회(40분) 가정방문 개입서비스를 제공하게 된다.

　이 사업에서 주요한 요소로는 첫째 아동의 일상생활이 이루어지는 자연적인 환경 이어야 한다. 둘째는 가족이 함께 참여하고 양육자의 역량을 강화하는 것이다. 셋째는 초 영역팀(작업치료, 언어치료, 사회복지사) 접근이 이루어져야 한다. 마지막으로 각 영역의 전문가들이 협업하여 치료사와 사회복지사가 함께 수행해야 하기 때문에 많은 인력과 많은 시간의 투자가 필요하다. 평택북부장애인복지관은 이 지점에서 이 모든 부분을 수용하고 사회적 투자 관점에서 이 사업을 묵묵히 진행하고 있다.

현재까지 평택 관내 발달지연 및 장애를 가진 아동 5가정에 조기개입을 진행하고 있으며 이 사업에 대한 긍정적 피드백과 좋은 결과들이 지속적으로 나오고 있다. 2023년 상반기 사업에 참여하였던 천○○아동은 발달지연과 자폐스펙트럼 소견을 받았으나 조기개입 서비스를 제공 받고 병원 검사결과'정상범주'라는 소견을 받게 되었다. 전문가팀은 아동의 가정에 방문하여 아동을 관찰 및 평가한 결과 다른 사람의 말을 따라하는 지연반향어가 나오고 적절한 의사소통이 되지 않았다. 또한 호명반응은 가능하지만 놀이하는 방법이나 일상생활에서 기본적인 욕구 충족 이외에 다른 활동이 현저히 떨어졌다.

이에 전문가팀은 매주 가정방문 활동지를 제공하고 가정에서 코칭을 진행하였다. 그 활동지에는 양육자가 아동에게 지연반향어 대신 상황이나 활동에 대해 아동에게 이야기를 들려주거나 아동이 스스로 대답할 수 있도록 유도하는 것이다. 또 아침에 일어날 때 잠자기 전 밥 먹을 때, 목욕 할 때와 같은 일상 안에서 양육자와 적극적으로 상호작용하고 놀이하는 방법들을 알려주었다. 일주일에 한 번씩 가정 활동지를 제공하여 양육자가 스스로 위에 것들을 수행하고 체크 하며 일상 안에서 양육자의 자신감 상승과 아동의 목표달성에 따른 단계적 발전을 할 수 있었다.

이 때문에 아동의 발달이 정상범주에 속하게 되었고 부모는 눈물이 날 정도로 평택 북부장애인복지관 선생님들에게 감사하다는 말을 해주셨다. 또 아동의 부모는 양육의 자신감과 양육 효능감이 많이 올라갔다고 하였다. 양육에 있어 부모와 아동이 서로를 의지하고 서로에게 좋은 영향을 주고받으며 부모도 아동도 함께 성장한다는 것을 알게 되었다고 하였다. 가족의 삶의 질이 전반적으로 상승하였다고 하였다. 프로그램 종결 후에도 평택북부장애인복지관의 개별 치료로 연계하여 아동의 상황을 예의주시하고 아동의 발달증진을 위하여 여전히 함께 노력하고 있다.

이렇게 조기개입 서비스는 가족의 욕구와 필요에 부응할 때 그 효과를 기대할 수 있다. 이런 관점에서 가족 중심 조기개입 서비스는 평택북부장애인복지관에서는 없어선 안 될 사업이며 앞으로도 평택 북부장애인복지관에 영유아 조기개입 서비스가 확대되며 더 많은 수혜자들이 발굴될 필요가 있다고 본다.

IFSP 개별화가족지원계획 회의록 중 일부를 소개한다.

## - 가족평가사항

| | |
|---|---|
| 가족의<br>강점과<br>능력 | 1. 3인 가족으로 구성되어 아동에 대한 관심이 높고 아동 발달증진에 매우 적극적임.<br>2. 주 양육자인 모보다 부에 대한 개입으로 아버지 역할에서 개선할 여지가 있으며 정보를 제공하여 아동에 대한 관심도를 높일 수 있음.<br>3. 아동발달에 따른 다양한 인프라(병원, 치료센터, 평가 등)를 찾아보고 방문하여 아동발달을 위한 정보를 잘 가지고 있음. |
| 가족의<br>주요 욕구<br>및<br>우선 순위 | 1. 가족의 주 욕구<br>가족이 다함께 하면서 아동의 발달증진을 위해 할 수 있는 활동들이 무엇이 있는지에 대한 관심이 있음.<br>2. 가족의 우선순위<br>**자녀지원**<br>: 아동의 눈높이에 맞춰 놀이해 줄 수 있는 방법<br>: 자녀에게 필요한 서비스 정보습득<br>: 아동이 문제행동을 할 때 교육방법<br>**가족지원**<br>: 가족과 여가활동 하는 방법<br>: 여가 활동 시 부모가 지치지 않는 방법 |

| | |
|---|---|
| 가족의<br>지원<br>및<br>자원 | 1. 치료센터를 이용한 아동의 정상발달 도모<br>　주 3회 언어치료, 주 1회 감각통합치료 이용하고<br>　있음.<br>　주 4회를 오전에 치료센터를 방문하거나 조기개입<br>　진행 후 어린이집으로 등원함.<br>2. 부는 개인사업자로 휴일이나 휴식시간이 자유롭게<br>　조절 가능함. |
| 가족의<br>고려점<br><br>내부 · 외부<br>장애물 | 1. 오전에는 부, 오후에는 모가 양육하는 방식으로 가족<br>　이 다 함께하는 시간이 적음.<br>2. 개인사업을 하는 부가 매우 바쁘고 피로도가 높음<br>　편임.<br>3. 병원에서 자폐성향검사를 하자고 했지만 평가를 꼭<br>　해야 되는지 대해 의문을 가진 것으로 보아 아동의<br>　장애정도를 받아들이기 어려운 것으로 보임. |

## - 개입 전략

---

### 가족지원

■ 개입 전략

1. 외부활동에 대한 중요성 인식 및 부모직장 시간 조율에 대한 필요성 안내

    : 외부활동을 위한 다양한 정보 제공

2. 아동 생활연령에 맞는 발달상황에 대한 정보제공

    : 양육코칭 시 생활연령에 맞는 각종 자료 및 정보 전달

---

### 아동지원

■ 개입 전략

1. 언어에 대한 이해력 증진 및 표현력 향상

    : 다양한 사물의 이름을 반복적으로 들려주어 아동의 어휘력 향상

    : 단어를 통한 문장 완성도 향상, 일상생활 대화증진

    : 질문과 답을 동시에 들려주며 아동의 의사소통 능력 향상

2. 놀이 활동을 통한 부모와 아동의 상호작용 활성화

    : 일상에서 이뤄지는 활동들을 주제로 간단한 놀이상황 안내

    : 부모와 교감증진을 위한 시간표 안내

    : 아이의 반응 및 변화 관찰 관찰내용의 보고를 기반으로 한 코칭 제공

---

프로그램 활동지를 아래에서 소개한다.

# 조기개입서비스 가정활동지

| *이름 : 김▮▮ | *가정방문일: 2023.09.20(수) |
|---|---|
| *서비스제공자: 이상아 김지현 | *가정활동기간: 8월~11월 |

| 활동내용 | | 월 9.25 | 화 9.26 | 수 9.20 | 목 9.21 | 금 9.22 | 토 9.23 | 일 9.24 |
|---|---|---|---|---|---|---|---|---|
| 아침과 저녁에 | • 마사지 놀이<br>아동의 손과 발을 마사지한다(감각깨우기, 감각안정 시키기)<br>• 언어표현<br>▮▮아 안녕? 아침이야. 해가 떠어~ 밝아<br>▮▮아 잘자~ 밤이야. 어두워~ 참 잘 시간이야 | ● | ● | ● | ● | ● | ● | ● |
| | | 아이의 반응이나 특이사항을 간단히 적어주세요<br>-까끄지는 마사지 해주면 매우 좋아함.<br>불끄고 깜깜한 밤이야 아끼 코~ 잔시간이야<br>하면 몇 분 새로 잠이드는 패턴이 생김. | | | | | | |
| 식사시간 | •아동이 스스로 숟가락 잡고 입에 넣어보기<br>- 이때 음식물을 흘리면 아동의 손을 잡고 물티슈 또는 손수건을 활용해서 스스로 닦게 해주세요.<br>- 식사 중 1회정도는 스스로 잡고 먹어 볼 수 있게 해주세요.<br>•퓨레 만들어보세요<br>바나나,사과,배 살짝 대쳐서 으깨서 소분해놓기<br>(사이트 확인해보세요) | 가족들이 먹는 라인.등식에 관심을 갖고 먹어보려 함.<br><br>스스로 먹는 과정에서 숟가락은 끝까지 잡고 있으려 않으려고 함.<br><br>퓨레는 안든지는 못하고 생과일은 으깨서 먹임 (바나나, 키위, 사과, 배) | | | | | | |
| 목욕/세면 | • 목욕시간 간단한 물놀이 해주기<br>간단하게 물놀이를 하며 상호작용해주세요<br>아이가 혼자 들어가 편안함을 느끼도록 해주는 것도 좋아요<br>• 명칭 이해하기<br>이건, 치약이야 이건, 샴푸야 이건, 수건이야 이건, 샤워 볼이야 같이 일상 생활용품 단어를 알려주세요 | ● | ● | ● | ● | ● | ● | ● |
| | | 아이의 반응이나 특이사항을 간단히 적어주세요<br>목욕이 가장 좋아하고 나올이마<br>하루에 한 번 꼭 해야하는 놀이?26<br>혼자에게 할 수 있는 고요한 놀이? | | | | | | |
| 놀이 | • 아이의 자발적 놀이에 참여하기<br>가끔 노래를 틀어주시고 노래도 함께 따라 불러주세요<br>• 아이가 놀이를 할 때 놀잇감들에 대한 명칭을 알려주세요<br>ex)동물들 말소리 따라해보기<br>• 아이의 일상생활에서 동작어를 표현해 주세요<br>ex) 먹어, 밥 먹어, 올라가, 위로 올라가 등<br>아이가 하는 놀이에 함께 놀이해주시고 놀잇감에 맞춰 언어표현이나 상호작용을 해주세요 | ● | ● | ● | ● | ● | ● | ● |
| | | 아이의 반응이나 특이사항을 간단히 적어주세요<br>인형들은 데리고 놀아하줌.<br>자하는 다죽거나 칭징거로 잔소한할 때의 주는 힘이 적음.. | | | | | | |
| 외출<br>(옷입기 등)<br>/<br>바깥활동 | •옷 입기시 옷의 명칭과 어디에 사용되는지 알려 주세요<br>ex) 양말은 발에 신는 거야, 옷은 머리를 넣어서 위로 입는거야, 바지는 다리를 넣는거야 | ● | ● | ● | ● | ● | ● | ● |
| | | 아이의 반응이나 특이사항을 간단히 적어주세요<br>혼자 입어 보게 도움을 주면 신체적무위는 비줍기게 갖아서 | | | | | | |
| 기타/<br>질문사항 | 밤 따원 수 마지막 임에 낭로 음식을 상에게 하는 방법. 건강한 칭은 몸고 없음<br>숟가락. 펀크 연습 방법 (단계적) 하루에 놀이 스케줄은 짜서 해주면<br>좋을 것 같은데 답이 있을까요! | | | | | | | |

프로그램 활동지

## 3. 평택북부장애인복지관 사회복지실천 기술의 장점:
   탁월한 의사소통 기술 활용


  평택북부장애인복지관의 사회복지사들이 장애인과 함께하는 사회복지실천에서 서비스이용자들과의 의사소통은 매우 탁월하다. 무엇보다도 평택북부장애인복지관에서 이뤄지는 의사소통의 특성은 사회복지사와 서비스이용자와의 관계를 형성해 나가는 일에 있어 서비스이용자 개인들 각자의 장점을 인식하는 데에 집중한다는 것이다. 이는 강점을 지향하는 평택북부장애인복지관의 실천 활동의 직원문화와 직접적으로 맞닿아 있다.

  특히 평택북부장애인복지관의 의사소통 기술은 여러 장애유형들 가운데서도 발달장애인들에게 매우 유용하게 다가간다. 평택북부장애인복지관에서 이뤄지는 발달장애 서비스이용자와의 의사소통은 다양한 방법의 기술적인 의사소통 체계를 포함하고 있는데, 의사소통은 항상 간단하고, 기본적인 단어만을 사용하며, 명확하게 소개하고 기술하도록 하는 특징을 갖는다.

　　평택북부장애인복지관에서는 발달장애인과의 의사소통 상
에서 가장 단순하고 기본적인 단어를 사용한다. 의도적으로
거창하게 표현하고자 하는 단어 혹은 상징적인 의미를 지닌
단어의 사용은 피하는 것을 원칙으로 한다. 그리고 서비스이
용자와의 대화 중에도 서비스이용자가 이야기하는 내용이 무
엇을 뜻하는지 혹은 어떤 목적을 표현하려는 것인지 등 그 의
미를 정확히 이해하기 위해 노력한다. 대부분의 발달장애인의
경우에는 매우 제한된 최소한의 단어만을 사용하여 자신의
생각을 표현하기 때문에 서비스이용자가 의미하는 것을 오해
하는 경우가 있는데, 사회복지사들은 이러한 점을 인식하고 서
비스이용자의 생각을 정확히 이해할 수 있도록 노력해야 한다.

　　일부 발달장애인의 경우에는 언어적으로 의사소통이 상당
히 잘 이루어지는 경우도 있다. 그러나 또 다른 경우에는 무엇
을 이야기하려는 것인지 정확히 이해하는 일이 어려울 수도
있고, 비언어적인 의사소통으로 자신의 생각을 표현하려는 발
달장애인들도 있다. 대부분의 발달장애인의 경우에는 신체상
언어 구조가 정상적이지 못한 모습을 한 경우도 있기 때문에,
서비스이용자가 언어를 사용하는 데 발음이 정확하지 않은
경우가 많다. 일반적으로 혀는 길고 두껍고, 입에서 혀를 앞으

로 길게 뺄 수 있는 특징이 있는데, 일부 발달장애인의 경우에
는 혀의 운동이 정상적이지 못한 경우가 있다. 이 경우 이들의
발음이 정확하지 못할 수도 있으며, 이로 인해 사람들은 발달
장애인이 하는 말을 정확하게 알아듣는 일에 어려움을 느끼
게 된다.

　무엇보다도 의사소통의 의도가 없거나 기초적인 의사소통
기능조차도 적절하게 사용하지 못할 때든지, 학교에 가야 할
시기가 다가오는데도 발음이 부정확하여 아이가 하는 말을 못
알아들을 경우에는 전문 언어치료를 받아야 한다. 말을 늦게
시작한 아이들은 그만큼 발음의 성장도 늦어진다. 언어재활사
를 만나야 하는 시기를 놓치면 굳어진 발음으로 인해 일상생
활에 어려움을 초래한다.

　2020년 7월 언어발달지연 및 조음 문제로 언어치료를 받기
위해 5세 아동과 어머니가 함께 본 기관을 방문하였다. 아동
은 낯을 많이 가려 적응하는데 긴 시간이 필요했고, 소꿉놀이
와, 블록 놀이, 로봇 놀이에 흥미가 많은 편이였다. 아동은 말
명료도가 낮고 발음이 부정확하여 말을 알아듣기가 어려웠다.
발음이 부정확하여 어린이집에서 또래 아동들과 의사소통이

잘 이루어지지 않았고, 또래 친구들과 선생님이 아동의 말을 못 알아들어서 행동문제가 나타나거나 말을 더 안하려고 하였다. 언어이해 및 표현에서도 발달지연을 보여 보호자가 어려움을 호소하였다.

아동은 평택북부장애인복지관에서 주 1회 언어치료를 시작하게 되었다. 구조적인 문제는 없으나, 정확한 조음점을 알지 못하여 발음이 부정확한 경우였다. 매회기 아동이 좋아하는 놀이 상황에서 구강운동, 호흡훈련, 발성하기를 진행하였고, 전반적인 말 명료도 개선 및 정확한 발음 산출을 위하여 주기법을 적용하였다. 3주 간격으로 양순음부터 마찰음까지 무의미음절, 낱말 중심으로 적절한 음운 패턴 습득하기, 오류변동들을 주기적으로 바꾸면서 반복 훈련하기, 발음이 맞고 틀린지 변별하기, 모방하기 등 언어치료를 진행하였다. 매회기 보호자 치료 상담이 이루어졌고, 가정 지도를 안내하여 발음의 명료도를 향상시켜 나갔다.

3년이 지난 지금, 이 아동은 8세가 되었고, 현재 일반 초등학교에 다니고 있다. 의사소통에 어려움이 없이 또래 아동들과 잘 지내며 학교생활을 잘 하고 있다. 조음 검사 및 수용 표현 검사에서 또래 아동만큼 향상하여 12월 종결을 준비하고 있다. 아동은 본 복지관에서 받은 언어치료로 수용언어, 표현

언어 및 발음의 정확도가 향상하여 또래 아동들과 의사소통
이 잘 이루어지며 학교 및 일상생활에 어려움이 없다고 한다.
치료사로서도 아동의 전반적인 말 명료도 및 발음의 정확도가
높아져 뿌듯함을 느끼는 계기가 되었다.

　한편 사람의 혀가 구조적으로 정상적이지 못한 경우 외에도
턱의 구조, 입과 코의 구조가 비정상이어서 의사소통에 어려
움을 경험하는 경우가 있다. 발달장애인의 경우에는 이와 비
슷한 특징들이 보여 의사소통에 어려움을 겪는 경우가 많다.
발달장애인과의 대화에서 사람들은 이들의 이야기를 경청하
려 노력하기보다는 쉽게 포기하고 이들과의 대화를 피하는 쪽
을 택하는 경우가 많다. 하지만 평택북부장애인복지관의 사회
복지사와 치료사, 또는 실천가는 발달장애인과의 대화에서 발
달장애인을 정확히 이해하기 위해 이들의 언어적인 의사소통
외에도 비언어적인 의사소통 체계를 정확히 이해하려고 최선
을 다한다.
　의사소통을 위해 도구를 사용하기도 한다. 의사소통 도구에
는 간단한 그림이나 문자 혹은 상징들이 그려져 있어 자신이
표현하고자 하는 것을 이 도구를 통해 표현하는 등 서비스이
용자와 사회복지사 또는 치료사 사이에 의사소통이 가능하게

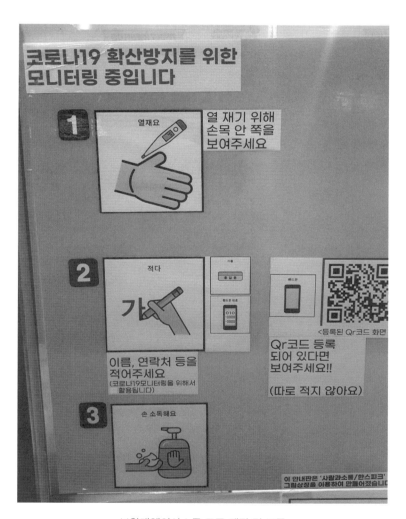

보완대체의사소통 도구 제작 및 보급

된다. 이 밖에도 서비스이용자의 표정, 자세, 몸동작 등을 조심스럽게 관찰하고, 이러한 모습들이 의도하는 것이 무엇이며, 이를 통해 무엇을 이야기하려는 것인가를 확인한다.

평택북부장애인복지관에서는 발달장애인 당사자가 지역사회에서 의사소통할 수 있도록 보완대체의사소통(AAC) 상징을 제작하여 활용하고 있다.

코로나 19 시기에는 선별진료소 검사를 받는 장애당사자들을 위한 안내문과 위생수칙, 재난소득 안내문 상징을 제작하

보완대체의사소통 도구 제작 및 보급

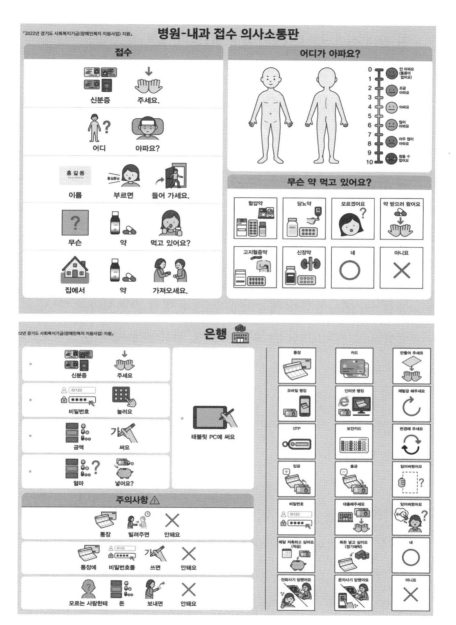

보완대체의사소통 도구 제작 및 보급

여 관내 선별진료소, 보건소에 배포하였으며 가정에도 전달하여 감염병 대응방법에 대해 안내하였다. 또한 기관을 방문하는 사람들이 그림상징을 보고 프로그램실, 치료실 등을 이해할 수 있도록 복지관 내 모든 프로그램실 안내판을 교체하였으며, 화장실 사용안내 상징을 통해 조금 더 편리하게 복지관을 이용할 수 있도록 지원하였다.

2022년에는 경기도 장애인 의사소통지원을 위한 보완대체의사소통(AAC) 환경구축사업에 선정되어 내과, 은행에서 활용할 수 있는 상징을 제작하였다. 관내 병원 간호사와 은행 지점장을 섭외하여 상징 제작에 대한 필요성에 대해 설명하고 협조를 구한 뒤 자문을 받았으며, 발달장애인이 함께 상징 제작에 참여한 의미있는 사업이었다. 상징은 관내 은행 및 병원에 배포하여 의사소통에 어려움이 있는 모든 사람들이 활용하고 있다.

이러한 사업을 통해 발달장애인의 지역사회에서 의사소통할 수 있는 기회를 제공하고 확대할 수 있었다. 특히 지역사회와 함께하는 보완대체의사소통 상징 제작 및 배포는 장애친화적 지역사회를 추구하는 평택북부장애인복지관의 비전과 일치하는 사업이라고 볼 수 있다.

　발달장애인과의 의사소통에서는 비언어적인 방법에 의한 의사소통도 제한이 많이 때문에 서비스이용자와 자유롭게 의사소통 하는 일은 어려움이 따른다. 그럼에도 평택북부장애인복지관의 사회복지사와 치료사 및 실천가는 서비스이용자와의 의사소통을 원활하게 하려고 언어적, 비언어적, 의사소통 도구 등을 혼합적으로 사용하는 등 서비스이용자와의 의사소통이 최대한 가능할 수 있도록 도움이 되는 방법을 개발하려고 노력한다. 예를 들어, 어제, 오늘, 내일 등을 날짜나 시간의 흐름을 설명하기 위해 그림을 이용하거나, 세월의 흐름을 느낄 수 있는 회전틀 등을 만들어 의사소통이 가능할 수 있도록 하는 방법을 사용한다. 이렇게 평택북부장애인복지관에서는 발달장애인과의 의사소통을 위해 의사소통의 도구와 틀을 만드는 일은 순전히 사회복지사의 의지와 노력에 달려있으며, 동시에 사회복지사의 역량을 발휘할 수 있는 기회이며 도전이 되고 있다.

　발달장애인과의 의사소통에서 대부분의 경우, 발달장애인들은 모든 질문에 무조건 '예'라고 응답하는 경우가 많다. 이들의 반응이 실제로 정확한 것인지 확인하기 위해서는 같은 질문을 시간을 달리하거나 날짜, 장소 혹은 내용을 달리해서 질문함으로써 실제로 서비스이용자의 생각이 무엇인지를 검증하고 확인하는 방법이다. 예를 들어 '배가 고픕니까?'라는 질문에 서비스이용자는 '예'라고 대답한 경우, '지금 배가 고픕니까?', '먹을 것을 줄까요?', '무엇을 먹고 싶으세요?', '밥을 드릴까요?' 등 다양한 질문을 함으로써 서비스이용자의 현재 생각과 느낌을 확실히 이해하게 된다. 따라서 발달장애인 서비스이용자에게는 '예' 혹은 '아니오'와 같은 반응이 나올 수 있는 질문은 처음부터 피한다. 대신에 서비스이용자의 반응이 한 단어 이상 혹은 한 문장 이상으로 표현이 가능한 질문을 한다.

제**7**장

앞으로 나아가기

평택북부장애인복지관의 사회복지사들과 실천가들이 사회
복지실천을 수행하면서 감당했던 핵심적인 역할들을 정리한
다. 이와 같은 역할은 향후에도 지속될 필요가 있다.

첫째, 역동적이면서도 전문적인 사회복지실천가로서의 역할
이다. 평택북부장애인복지관은 사회복지적인 핵심 가치인 인
간의 권리 보장과 사회정의에 기초해 평택시에 거주하는 장애
인 서비스이용자들에게 적극적으로 실천 개입 활동을 하고 있
다. 특히 당사자 중심의 관점으로 정성껏 온 힘을 다해 역동적
인 서비스로 이들에게 다가간다. 이런 훌륭한 실천 개입의 방
식과 성격은 앞으로도 발전적인 계승으로 이어져야 할 것이다.

둘째, 장애인의 옹호 활동을 함과 동시에 장애인 문제를 해
결해 나가는 촉진자로서의 역할이다. 무엇보다도 우리 사회의
가장 취약한 계층인 장애인과 관련된 어떤 문제가 공공의 관

228

심을 집중시켜 공공정책상의 논점으로 제시될 때, 능동적으로 개입하여 장애인 당사자의 주체성을 실현해가는 옹호 활동은 평택북부장애인복지관이 계속 감당해야 할 일이라고 본다. 아울러 지금껏 모범적으로 수행해온 것처럼 장애인 문제를 해결하기 위해 그 문제의 본질을 정확하게 파악하고 장애인 당사자는 물론이고 평택 시민들에게 널리 인식시켜서 그 결과 지역주민과 장애인 당사자 스스로가 문제를 해결해 나가기 위해 애쓰도록 시민의 역량을 촉진하고 지지하는 것이 필요하다.

셋째, 서비스제공자의 역할이다. 장애인복지정책과 서비스 전달체계 및 실천 활동 등이 과거 어느 때보다도 나아졌다고 하지만 아직도 평택시 곳곳에서는 장애로 인해 고통을 받고 있는 사람들이 많다는 것이다. 이에 평택북부장애인복지관은 장애인들이 겪는 고통을 완화해주기 위해 인적·물적 서비스를 제공해줌으로써 사회복지적인 가치를 직접 실현하는 서비스제공자로서의 역할을 수행하고 있다. 향후에도 당사자 권리와 욕구에 부응하는 지역사회 중심의 전문적인 사회복지실천을 적극적으로 해나가야 할 것이다.

넷째, 사례관리자로서의 역할이다. 사례관리자는 수혜대상자를 확인하고 그들의 욕구를 조사하며, 적절한 서비스를 찾아내어, 서비스 사용계획을 세우고, 수혜대상자와 자원을 연결시켜 적시에 적절한 서비스가 전달되도록 서비스 전달과정을 감독하는 역할을 담당한다. 복지관의 인적 물적 자원이 부족한 경우 복지관은 직접적인 서비스 제공자로서의 역할을 수행하기가 어려운 경우가 많다. 이러한 경우 복지관은 지역사회에서 도움이 필요한 자를 확인하고 이들에게 도움을 줄 수 있는 지역사회 자원을 찾아낸 후 당사자들의 동의를 얻어 도움을 필요로 하는 자와 도움을 주고자 하는 자를 연결시켜 주고, 양자 간에 필요한 재화나 서비스가 잘 전달되도록 도와주는 사례관리자의 역할을 수행할 수 있다. 이러한 사례관리를 통해 평택북부장애인복지관은 빈곤과 장애로 인한 고통 가운데 살아가는 장애인 서비스이용자에게 힘이 되고, 자원 제공자에게는 의미 있는 행위를 할 수 있도록 기회를 줌으로써 장애인과 함께 살아가는 장애 친화적인 지역사회를 건설할 수 있을 것이다.

다섯째, 프로그램 개발자로서의 역할이다. 평택북부장애인복지관은 정부나 지역 내 유관 사회복지시설들과 함께 장애인 서비스이용자의 문제와 욕구를 정확하게 파악할 수 있는 능력이 있다. 문제가 무엇인지, 욕구가 무엇인지, 누가 그 문제로 고통을 받고 있는지, 문제가 얼마나 심각한지, 얼마나 광범위하게 퍼져 있는지, 문제를 발생시킨 원인이 무엇인지, 프로그램은 실현 가능한지 등에 관해서 평택북부장애인복지관은 충분히 확인할 수가 있다. 따라서 평택북부장애인복지관은 이러한 정확한 정보에 근거해서 장애인 서비스이용자가 위치한 지역사회의 특성과 이들에게 가장 적합한 사회복지실천 프로그램이나 연계 사업들을 개발해 낼 수 있는 프로그램 개발자로서의 역할을 계속 수행해야 한다.

여섯째, 전 생애주기에 걸친 광범위한 사회교육자로서의 역할이다. 평택북부장애인복지관은 장애인 서비스이용자들이 생애주기별로 필요로 하는 생활수행 기술들을 교육해야 한다. 아울러 장애인 당사자가 속한 지역사회의 행동기준이나 건전한 문화를 수용하고, 독립된 주체로서 사회생활을 해 나가는데 필요한 원리나 기술을 학습시키는 역할을 수행해야 한다. 평택북부장애인복지관은 치료와 재활, 직업재활 및 직업교육 이외의 사회적 지지와 여가 문화 등과 관련된 광범위한 삶의 영역에서 요구되는 실질적인 일상생활 수행 기술을 장애인들이 습득하도록 지원해야 한다.

일곱째, 지역사회 중심의 사회복지실천의 실행자로서의 역할이다. 평택북부장애인복지관의 본질적인 사명으로서 철저한 지역사회 중심의 장애인과 함께 하는 사회복지실천을 실행해야 한다. 평택북부장애인복지관은 지역에 자리 잡고 있는 장애인 당사자 공감과 당사자의 바람직한 변화 창출의 모범이 되어야 한다. 아울러 평택북부장애인복지관은 지역사회 안에서 지역사회를 위해 장애인을 비롯한 지역주민 모두를 위한 복지관이 되어야 한다. 이를 위해서는 가장 먼저 지역사회에 대한 심도 있는 이해를 가져야 한다. 당연히 관심과 애정이 뒷받침 되어야 한다. 장애 친화적이면서 동시에 지역사회에 밀착된 사회복지실천을 개발하여 실행해야 한다. 즉 지역사회의 자원을 면밀히 파악하고 장애인 서비스이용자와 지역주민 모두의 필요와 요구 및 욕구에 부응하는 사회복지실천을 구현해야 한다. 특히 지역사회에서 배제되고 소외된 장애인들을 찾아내어 이들을 지지하고 이들에게 힘을 부여해 줌으로써 궁극적으로는 이들 스스로 자립하고 자활할 수 있게끔 도와야 한다. 아울러 지역사회와 주민의 의견에 귀를 기울이고 이를 토대로 장애인들과 비장애인들이 함께 잘 사는 세상을 만들어가야 한다. 당연히 장애인들의 의견을 대변하거나 때로는 옹호할 수 있는 지역의 거점 센터와 같은 역할을 감당해야 한다.

지난 1년(2022년) 동안 나는 평택북부장애인복지관의 전 직원과 함께 10주년 이후의 또 다른 10년을 꿈꾸면서 비전과 사명을 만들어가는 작업을 하였다. 내가 분위기를 만들었고, 관장과 사무국장 및 모든 직원들이 함께 만들었던 초안의 내용을 소개하려고 한다.

### 비전
보통의 삶을 함께 만들어가는
사람 중심 평택북부장애인복지관

### 핵심가치
일상의 삶 · 동행하는 삶 · 존엄한 삶

### 미션
- 우리는 사람 중심 생애주기별 서비스를 설계하고 실행합니다.
- 우리는 소통하고 화합하는 장애친화적 지역사회 환경을 만들어갑니다.
- 우리는 장애당사자의 역량을 강화하고 자립을 지원합니다.
- 우리는 장애당사자의 사회참여 및 권리를 보장합니다.

- 우리는 장애당사자의 소득보장 및 고용을 지원합니다.
- 우리는 환경변화에 유연하게 대처하는 복지관이 되겠습니다.

**평택북부장애인복지관 슬로건**

"우리는 당신의 행복한 꿈을 응원합니다."

**단계별 발전계획(중장기 발전계획)**

## 2024
**새로운 미션 및 비전 적용**
**생애주기별 서비스 지원체계 마련**

- 생애주기별 서비스 체계 마련
- 유연한 조직문화 조성을 위한 팀빌딩
- 홍보계획 수립 및 추진계획 공유
- 장애인권익옹호 지원체계 구축
- 디지털 미디어 교육 환경 마련

## 2025

**복지관 브랜딩**
**개인별 맞춤형 지원서비스 내실화**

- 홍보 세부 추진 계획 – 캐릭터 개발 및 굿즈 제작 활용
- 생애주기별 당사자 역량강화
- 장애청소년 · 느린학습자 서비스 모형 구축 및 적용
- 사람중심 · 강점관점 서비스 실천계획 수립

## 2026

**지역기반 실천모델 마련**
**(복지관 사업 확장을 위한 준비단계)**

- 지역사회 욕구기반 서비스 실천모델 연구계획
- 장애인내러티브 사례 발굴
- 지역사회중심 자립지원 교육 · 실천 적용
- 시민활동가 · 인식개선 강사 파견 및 전문성 제고
- 지역협력기관 DB 공유 및 활용

## 2027

**보통의삶 지원을 위한 지역조직화 및 연대**
**(복지관 공간 확장 및 창조적 사업확대)**

- 사업확대를 위한 예산 · 인력 확보 노력
- 욕구조사발표 및 적용 모델 제안
- 평생교육기관 지원 네트워크 유지 및 발전
- 성인사회참여 다양화를 위한 지역사회 협력체계 구축
- 시민활동가 · 인식개선 강사 네트워크 유지 및 발전
- 성인사회참여 다양화를 위한 지역사회 협력체계 구축
- 시민활동가 · 인식개선 강사 네트워크 구성, 자조활동 조직
- 주민동아리 조직 연계를 통한 사회공헌 참여기회 확대

## 2028

**지역사회기반 선도적 복지구현**
**(함께 만들어가는 보통의 삶)**

- 성과평가 · 컨설팅 진행을 통한 미래계획
- 장애조기개입서비스 연구 및 사례공유집 발간
- 장애청소년 · 느린학습자 서비스 성과 공유
- 사람중심 · 강점관점 서비스 체계확립, 안정적 운영
- 권익옹호실천가 양성 및 활동
- 로봇재활 및 의료 · 운동재활 도입 및 적용

에필로그

이제 책을 마무리하다 보니 날씨가 제법 쌀쌀해졌음을 느낀다. 그래서 그런지 왠지 모르게 훈훈하고 따스한 인정이 그리워진다. 장애를 갖고 있는 사람들은 어떨까 싶다. 사회로부터 배제되거나 때로는 혐오의 대상이 된 것 같은 느낌을 가질 때도 있을 것이다. 이럴 때, 격의 없이 편안하게 대화하며 애정을 느낄 수 있는 친구가 있으면 좋을 것이다. 항상 곁에서 지켜 주고, 사심 없이 호의를 베풀며, 다만 행복하기를 기원해 주는 친구 말이다. 이런 친구 하나 있으면 정말 외롭지 않을 것 같다. 그런데 이 세상에서 그런 친구를 찾기란 참으로 쉽지 않아 보인다. 그래서 함석헌 선생은 '그 사람을 가졌는가'라는 제목의 시를 통해 진정한 친구 없는 삭막한 우리의 삶을 역설적으로 되묻는다.

만 리 길 나서는 길
처자를 내맡기며
맘 놓고 갈 만한 사람
그 사람을 그대는 가졌는가

온 세상 다 나를 버려
마음이 외로울 때에도
'저 맘이야' 하고 믿어지는
그 사람을 그대는 가졌는가

탔던 배 꺼지는 시간
구명대 서로 사양하며
"너만은 제발 살아다오" 할
그 사람을 그대는 가졌는가

불의의 사형장에서
"다 죽여도 너희 세상 빛을 위해
저만은 살려 두거라" 일러 줄
그 사람을 그대는 가졌는가

잊지 못할 이 세상을 놓고 떠나려 할 때
"저 하나 있으니" 하며
빙긋이 웃고 눈을 감을
그 사람을 그대는 가졌는가

온 세상의 찬성보다도
'아니'하고 가만히 머리 흔들 그 한 얼굴 생각에
알뜰한 유혹을 물리치게 되는
그 사람을 그대는 가졌는가

이 시를 읽다보니 오늘날 우리가 사는 세상을 다시금 들여다
보게 된다. 장애인이든 비장애인이든 친구는커녕 사람과 사람
이 서로 존중하지 못하고 반목하고 갈등할 때가 얼마나 많은
지, 한숨이 절로 난다.

그런데 역설적으로 나는 평택시에 거주하는 장애인들에게
는 평택북부장애인복지관이 친구다운 친구 같은 역할을 하고
있다는 생각이 든다. 이런 말은 공동저자인 유 관장은 못할 것
이다. 하지만 외부자의 시각에서 내부자의 입장을 이해하면서
이 책을 쓴 나는 말할 수 있다고 본다. 정말 평택시에 사는 장
애인들은 좋은 친구를 갖고 있다. 바로 평택북부장애인복지관
이다. 아울러 진정한 친구는 생활의 활력이 된다. 그런 면에서
나는 장애인 삶의 에너지 충전소가 바로 평택북부장애인복지
관이라고 생각한다.

## 참고 문헌

이준우(2012). 장애인복지정책과 실천. 파주: 나남.

이준우(2015). 복지경영 입문. 서울: 파란마음.

이준우(2021). 통합과 융합의 사회복지실천. 파주: 인간과복지.

이준우·김성태(2010). 장애인 직업재활개론. 고양: 서현사.

이준우·여지숙·신빛나·김상은·한종민·김수정·안하은·김다슬·고현수
  (2021). 이야기가 있는 현장의 사례관리. 서울: 신정.

이준우·정지웅(2017). 한국 장애인복지정책의 실제와 대안 (2판). 서울: 신정.

이준우·최희철(2019). 장애인복지론. 파주: 양서원.

이준우 역(2008). 장애인과 함께 하는 사회복지실천. 서울: 파란마음.
  (Rothman, J. C. 2003. Social Work Practice across Disability)

〈복지관 발행 및 내부 자료〉

평택북부장애인복지관 누리집. https://bbjb.or.kr

2013~2021 사업 계획서 및 보고서.

2016~2023 특화사업계획서.

2016~2023 소식지 "함께여서 더+ 행복한" 5~28호.

2019년 시민옹호인과 발달장애인 소통프로젝트 통(通)그라미.

2019년 장애청소년지원사업 사업평가회 자료집.

2020년 장애청소년지원사업 드림하이 사업성과집.

2021년 장애청소년지원사업 드림하이 사업성과집.

2021 경기도장애인복지시설연합회 재활프로그램 〈밥블레스유〉

2021 "할수록 만만한 밥반찬 레시피북".

부록

평택북부장애인복지관 소개

# 평택북부장애인복지관 연혁

## 2013

| 01.10 | 평택북부장애인복지관 개관 |
| 01.10 | 제1대 관장(유영애) 취임 |
| 01.31 | 장애아동발달재활 바우처 제공기관 지정 |
| 02.22 | 사회복지자원봉사관리센터 지정 |
| 03.04 | 장애인복지관 이용 프로그램 개강 |
| 03.18 | 통나무집 업무협약 체결 |
| 04.02 | 경희대영어지킴이태권도 업무협약 체결 |
| 04.18 | 국제대학교 호텔조리학과 업무협약 체결 |
| 04.18 | 제33회 장애인의 날 기념 '함께여서 더 행복한 장애인의 날' 행사 진행 |
| 05.10 | 평택시 교육지원청 연계 청소년 진로탐색 프로그램 실시 |
| 05.10 | 평택복지재단 지원사업 맛으로 만나는 새로운 장애인식 '지금 맛나러 갑니다' 진행 |
| 05.23 | 은혜고등학교 업무협약 체결 |
| 06.18 | 2013년도 1학기 특수교육 늘해랑 학교 위탁기관 선정 |
| 07.12 | 장애인복지관 종사자 1차 워크샵 |
| 10.30 | 재가장애인 나들이 '마음이 따뜻한 가을 여행' |

# 2013

| | |
|---|---|
| 12.19 | 경기도평택교육지원청 업무협약 체결 |
| 12.19 | 자원봉사자, 후원자 감사의 밤 '사람이 꿈이 된 이야기' |
| 12.20 | 2013년도 2학기 특수교육 늘해랑학교 위탁기관 선정 |
| 12.24 | 송탄제일중학교 업무협약 체결 |
| 12.26 | 평택복지재단 우수모범시설 선정 |

# 2014

| 03.24 | 부모교육 실시 '왜 알아야 하는가?' |
|---|---|
| 03.29 | 상반기 주거환경개선사업 실시(희망의 러브하우스, 광동제약 지원) |
| 04.11 | 지역사회서비스투자사업 '우리아이심리지원서비스' 제공기관 선정 |
| 04.16 | 제34회 장애인의 날 기념 함께여서 더 행복한 갈라콘서트 'HARMONY' 행사 진행 |
| 05.16 | 발달장애인지원법 부모교육 실시 |
| 06.18 | 2014년도 1학기 특수교육 늘해랑학교 위탁기관 선정 |
| 06.20 | 경기도평택교육지원청 업무협약 체결 |
| 08.11 | 재단법인 행복한 녹색재생 업무협약 체결 |
| 08.18 | 평택시사회복지사협회장 표창장 표창 |
| 09.03 | 지역사회어울림마당 함께여서 더 풍성한 '한가위 판' 진행 |
| 09.26 | 이철환 작가와 함께하는 부모교육 감성충전 '행복한 세상' 진행 |
| 10.23 | 취약계층 발달장애인을 위한 공공후견인 양성교육 실시 |
| 10.27 | 하반기 주거환경개선사업 실시 |
| 11.11 | 2014년도 2학기 특수교육 늘해랑학교 위탁기관 선정 |
| 12.17 | 지역사회어울림마당 패밀리 'Happy! Christmas!' 진행 |

# 2015

| | |
|---|---|
| 01.08 | 상반기 주거환경개선사업 실시 |
| 01.29 | 장애아동 발달재활서비스 제공기관 지정 |
| 03.04 | 2015년 평택복지재단 공모사업 'Do Re Burn' 홍보영상제작소 선정 |
| 04.15 | 장애인의 날 '봄을 담은 이야기 HARMONY' |
| 04.24 | 부모교육 '장애자녀를 위한 올바른 성교육' |
| 05.06 | 한국복지대학교 광고홍보과 업무협약 체결 |
| 07.21 | 한국장애인복지관협회 업무협약 체결 |
| 08.18 | 직업적응훈련생 연수 '사람 인' 진행 |
| 09.17 | 직업훈련생 팀워크 향상 연수 "사람인" |
| 09.23 | 제2회 지역사회어울림마당 함께여서 더 풍성한 '한가위 판' |
| 09.23 | 재가장애인 나들이 "함께여서 더 행복한 여행" 실시 |
| 09.24 | 광동제약, 희망의 러브하우스 연계 주거환경개선사업 실시 |
| 10.29 | 취약계층 발달장애인을 위한 공공후견인 양성교육 실시 |
| 11.04 | 경기도장애인복지시설연합회 재활프로그램 '송탄위너스축구단' 선정 |
| 11.05 | 백석문화대학교 산학협력단 업무협약 체결 |
| 11.23 | 장애청소년 진로 멘토링사업 "꿈과 희망에 날개를 달다" 해단식 |
| 11.27 | 전환교육훈련 부모교육 '성인기 진로 계획 세우기' |
| 12.01 | 지역사회어울림마당 패밀리 'Winter Story Concert' |
| 12.17 | 2015년 함께여서 더+ 행복한 감사의 밤 |

# 2016

| | |
|---|---|
| 01.19 | 한국피아노재능기부협회와 함께하는 "작은 음악회 & 희망 전달식" 진행 |
| 03.20 | 상반기 주거환경개선사업 실시(우리사랑방) |
| 03.24 | 평택대학교 봉사동아리W 업무협약 체결 |
| 03.27 | 삼성사회봉사단 연계 이불빨래사업 '클린하우스' 진행 |
| 03.29 | 효사랑센터 업무협약 체결 |
| 04.01 | 직업재활실 '아람' 리모델링 공사 |
| 04.05 | 장애인 청소년 멘토링사업 Season3 발대식 |
| 04.19 | 평택대학교 사회복지학과 동아리 장애인식개선 캠페인 'Happy Blue Campaign' 진행 |
| 04.19 | 재가장애인 나들이 "동해안 푸른 낭만 가도를 달리다" 진행 |
| 04.21 | 함께여서 더 행복한 콘서트 '희망을 품은 하모니' 진행 |
| 05.01 | 제1회 직업지원팀 동문회 실시 |
| 06.16 | 평택대학교 사회복지학과 표창장 표창 |
| 06.19 | 상반기 주거환경개선사업 실시(우리사랑방) |
| 06.24 | 삼성전자㈜ DS부문 연계 직업훈련생 나들이 '삼성전자와 함께하는 소풍가는 날' 진행 |

# 2016

| | |
|---|---|
| 07.11 | ㈜니케이션, 로코 간 원두커피 OEM 계약 체결 |
| 07.31 | 장애인활동지원사업 제공기관 지정 |
| 09.07 | 리모델링비 마련 '함께여서 더 소중한 나눔의 기적' 바자회 개최 |
| 09.07 | '함께여서 더 소중한 나눔의 기적' 바자회 |
| 09.28 | 2016 지역사회와 함께하는 시민특강 '질병의 마침표 – 음식 속에 해답 있다' 진행 |
| 10.12 | 문화·여가지원 우쿨렐레 미니콘서트 |
| 10.24 | 아나율의 집 업무협약 체결 |
| 10.27 | 평택북부장애인복지관장배 제1회 배드민턴대회 개최 |
| 11.07 | 365연합의원 업무협약 체결 |
| 11.22 | 장애인 청소년 멘토링사업 Season3 해단식 |
| 11.30 | '함께여서 더 신나는 스키캠프' 진행 |
| 12.07 | 'Family Festival Winter Season V 미리만나는 크리스마스' 진행 |
| 12.09 | 지역아동센터평택시연합회 업무협약 체결 |
| 12.13 | 2016년 함께여서 더+ 행복한 감사의 밤 |
| 12.20 | 홈플러스 재가장애인을 위한 '연말 맞이 희망 후원' 생필품 전달 |
| 12.26 | 장애아동 발달재활서비스 제공기관 지정 |

# 2017

01.13 평택시사회복지협의회 '소망나눔 프로젝트' 선정

02.17 부모교육 – 도전적 행동의 효과적인 개선을 위한 ABA(응용행동분석)
교육 실시

03.06 평택시장애인체육회 지원 '수영 생활체육교실'사업 선정

03.19 상반기 주거환경개선사업 실시(우리사랑방)

03.30 평안밀알바우처센터 업무협약 체결

04.06 2017 장애청소년 멘토링 사업 '뜨겁게 끓는 내 꿈의 온도 99℃'발대식
실시

04.13 장애인의 날 행사 '함께여서 더 행복한 HARMONY' 진행

04.15 삼성카드 열린나눔과 아이들과 미래재단 연계 장애아동 부모 심리지원
'진주가족–진짜주인공은 우리가족' 실시

04.18 상반기 주거환경개선사업 실시(우리사랑방)

05.12 사회적기업 ㈜온케어구리 업무협약 체결

05.16 정신질환자 사회복귀 주간재활시설 나무 업무협약 체결

06.12 합정종합사회복지관 업무협약 체결

06.12 합정종합사회복지관 업무협약 체결

06.20 직업재활실 '아람' 개소

06.23 현대위아 1% 기적 캠페인 '2017 상반기 차량 지원사업' 선정

07.27 장애인식개선 거리캠페인 '이해를 더+하多'실시

# 2017

# 2018

| | |
|---|---|
| 01.23 | 사단법인 사회사업실천협의회 업무협약 체결 |
| 02.06 | ㈜ KOREACLEAN 업무협약 체결 |
| 02.13 | GS SHOP 2018년 교복지원사업 선정 |
| 02.19 | 2018 성인발달장애인 평생교육지원사업 실시 |
| 02.20 | 푸르메재단 장애어린이 비장애 형제·자매 교육비지원 사업 선정 |
| 02.26 | 기아대책 2018년 교복지원사업 선정 |
| 03.06 | 2018 장애인 평생교육 지원사업 "도자기 빚는 예술가" 도예프로그램 선정 |
| 03.19 | 경기도장애인재활협회 전국리사이클센터 세탁기지원사업 선정 |
| 04.10 | 장애인의 날 주간행사 '4氣충전' |
| 04.21 | 재가장애인 나들이 "놀러가기 좋은 날인가 봄" 진행 |
| 05.25 | 평택북부장애인복지관 대학생 홍보서포터즈 '담벼락(樂)' 1기 발대식 |
| 06.24 | 희망집수리봉사단' 연계 주거환경개선사업 실시 |
| 07.29 | 송탄홈플러스 동아리 "마음 플러스"와 함께하는 여름생활용품 나눔 |
| 08.01 | 스위트위드 업무협약 체결 |
| 09.04 | 중국의 어제와 오늘을 만나다 직업적응훈련반 해외 여행 'Hi! 상하이' |
| 09.05 | 경기도재활공학서비스연구지원센터 연계 보조기기 순회수리서비스 |

## 2018

| | |
|---|---|
| 09.13 | 장애인식개선 플래시몹 캠페인'多 함께, 그리고 多 같이' |
| 10.01 | 평택베스트 로타리클럽 업무협약 체결 |
| 10.04 | 제 3회 평택북부장애인복지관장배 배드민턴대회개최(경기남부지역 발달장애인) |
| 10.13 | 제 2회 장애인식개선퀴즈대회 '도전!골든벨' 진행 |
| 10.17 | 평택북부장애인복지관장배 제1회 탁구대회 개최 |
| 10.17 | 재가장애인 나들이 '산, 바다 그리고 가을' 나들이' 실시 |
| 10.26 | 복지관 개관 5주년 기념 세미나 '장애인등급제 폐지에 따른 장애인복 |
| 11.02 | 지 현장의 변화와 대응' |
| 11.02 | 제 1회 발달장애인 노래경연대회 '히든싱어' |
| 11.03 | 2018년 장애인활동지원사업 송년회 |
| 11.09 | 시민옹호인과 발달장애인의 소통 프로젝트 '통(通)그라미' |
| 11.13 | 발달장애인보호자 자조모임'우리가 꿈꾸는 세상' |
| 11.16 | 남송탄로타리클럽 업무협약 체결 |
| 11.26 | 2018 Family Therapy Camp '패밀리가 떴다' |
| 11.28 | 2018 함께여서 더+ 행복한 감사의 밤 '감사Dream' |
| 12.04 | 발달장애인 보호자 성(性)인권교육 |

# 2018

| | |
|---|---|
| 12.05 | 장애청소년 진로멘토링 사업 최종종결(2013 ~ 2018) |
| 12.05 | 함께여서 더+ 신나는 스키캠프 Season3 실시 |
| 12.07 | 통합사례회의 실시 |
| 12.13 | 사례관리 전문가 역량강화교육 '사람 중심생각과 그 필요성' |
| 12.14 | 제 1회 발달장애인 자기주장발표회 '小소한 이야기' |
| 12.27 | 홈플러스 송탄점과 함께하는 재가장애인 특식지원사업 '2plus' 실시 |
| | 발달재활서비스 제공기관 지정 |

# 2019

| | |
|---|---|
| 02.27 | 제2대 관장(이원형) 취임 |
| 03.27 | 장애인활동지원사업 상반기 운영위원회 |
| 04.04 | 2019 놀이체육프로그램 실시 |
| 04.05 | 2019 장애인의 날 '봄날의 이야기' : 인권이야기 (발달장애인당사자 인권교육) |
| 04.16 | 2019 평택시 지원 장애청소년지원사업 '세상의 중심에서 나를 외치다' 사업 실시 |
| 04.18 | 2019 장애인의 날 '봄날의 이야기' : 문화이야기 |
| 04.18 | 평택시장애인가족지원센터 업무협약 체결 |
| 04.25 | 장애인활동지원기관 간담회(한국복지대학) |
| 04.29 | 2019 장애인의 날 '봄날의 이야기' : 권리이야기Ⅲ (보조기기수리서비스) |
| 05.15 | 송탄보건소 연계 '재활운동실 봄 나들이' 실시 |
| 05.21 | 주식회사 지음기획 업무협약 체결 |
| 05.27 | 한국복지대학교 장애인레저스포츠학과·사회복지과 업무협약 체결 |
| 05.29 | 경기도의료원 수원병원과 함께하는 이동치과진료 |
| 06.05 | 2019 부모역량강화교육 |

# 2019

| | |
|---|---|
| 06.14 | 2019 가족치료캠프 '달.고.나: 달달하고 고마운 나의가족' |
| 06.15 | 장애인활동지원사업 활동지원사 상반기 보수교육 |
| 07.15 | 송탄고등학교 업무협약 체결 |
| 08.14 | 워터축제 '여름은 水요일이 좋아!' |
| 08.28 | 평택북부장애인복지관 평택시수어통역센터 공동 주관 장애인인권영화제 '손으로 말하는 사람들' 진행 |
| 09.01 | 취업자 해외여행 '빛나는 앙코르와트! 빛나는 우리 청춘!' |
| 09.06 | 장애인 나들이 '우리들의 추억여행' 실시 |
| 09.28 | 제3회 장애인식개선 퀴즈대회 '도전! 골든벨' 실시 |
| 10.23 | 장애가족과 함께 떠나는 카라반캠핑 여행 '즐거운 가 행복한 가' 실시 |
| 10.30 | 희망이사회 출범식 |
| 11.15 | 지체장애인 등산프로그램 'OFF로드 따라 희망 ON' |
| 11.16 | (사)경기도시각장애인연합회평택시지회, 송탄부락라이온스클럽 연계 평택시 시각장애인을 위한 볼링 친선전 '우리 같이 Bowling 해요' 실시 |
| 11.29 | 후원자, 자원봉사자 감사의 밤 '감사 Dream 잇-다' |
| 12.13 | 시민옹호인과 발달장애인 소통프로젝트 '통그라미' 사업발표회 '오늘 빛나는 그대, 내일의 꽃이 되리라' |

# 2020

| | |
|---|---|
| 04.01 | 평생교육프로그램 & 직업적응훈련반 비대면 서비스 실시 |
| | – 가정 내 학습자료, 키트 전달, 라이브 방송 등 |
| 04.14 | 경기도장애인복지관협회 도시락배달 배분사업 '따시락 로켓배송' |
| 05.18 | 더행복나눔사회적협동조합 업무협약 체결 |
| 05.25 | 2020 장애청소년지원사업 '드림하이' 실시 |
| 06.04 | 장애인식개선 그림책 제작 프로그램 '새 생각을 짓는 동화공방'실시 |
| 06.16 | 2020 발달장애인 성(性)인권부모교육 수행기관 지정 및 교육 실시 |
| 06.26 | 직업지원실 아람 컨테이너 현판 제막식 |
| 07.01 | 정금등대지역아동센터 업무협약 체결 |
| 07.01 | 파랑새지역아동센터 업무협약 체결 |
| 07.01 | 땡큐지역아동센터 업무협약 체결 |
| 08.10 | 희망나눔주주연대 '희망드림 지원사업' 선정 |
| 08.31 | 권익옹호캠페인 '더하다(+)' |
| 09.01 | 문화·여가프로그램 비대면 서비스 실시 |
| 10.08 | 사랑과소통 업무협약 체결 |
| 10.27 | 고덕탑병원 업무협약 체결 |
| 10.31 | 2020 온라인 라이브 퀴즈대회 '도전! 장애이해 퀴즈왕' |

# 2020

# 2021

01.07    2021 장애인활동지원사업 활동지원사 상반기 간담회 실시

01.08    복지관 개관 8주년 기념 영상 상영

01.18    2021 장애인식개선 동화책 대여사업 실시, 장애인식개선 그림책 제작

         프로그램 '새 생각을 짓는 동화공방'실시

02.12    아이들과 미래재단 '2021 폴앤센장학기금 사업' 선정

02.22    2021 평택시 지원 성인장애인평생교육사업 '휘바휘바 칼림바' 선정

02.26    2021 상반기 장애당사자 인권(권익옹호)교육 '새로보다' 실시

03.01    2021 장애청소년지원사업 '드림하이' 실시

03.26    2021 평택복지재단 공모사업 약정식 체결

04.05    2021 장애인의 날 '인(人-in) 스토리'

04.08    SCK㈜ 업무협약 체결

05.10    스마일재단 '중증장애인 보철치료 지원' 선정

05.13    동방사회복지회 동방학교 업무협약 체결

05.14    2021 발달장애인 부모교육지원사업 '건강한 성장통' 수행기관 선정 및

         실시

05.22    2021 장애인활동지원사업 활동지원사 상반기 보수교육 실시

05.28    2021 장애인활동지원사업 상반기 운영위원회의 실시

# 2021

| 06.17 | 사회적협동조합 평택지역자활센터 업무협약 체결 |
|---|---|
| 06.22 | 경기도지체장애인협회 평택시지회 업무협약 체결 |
| 06.22 | 경기도시각장애인연합회 평택시지회 업무협약 체결 |
| 07.01 | 2021 문화기획사업 '우당탕탕 핑퐁챔피언!' 탁구올림픽 실시 |
| 07.01 | 사랑의전화복지재단 '저소득층 결식아동 어린이날 선물지원' 선정 |
| 07.07 | 평택시사회복지협의회 '사랑 愛 여성 위생용품' 선정 |
| 07.15 | 2021 하반기 장애당사자 인권(권익옹호)교육 '새로보다' 실시 |
| 07.20 | 우양재단 '신선과일(수박) 먹거리 지원' 선정 |
| 07.26 | 경기사회복지공동모금회 '착한바람 지원사업' 선정 |
| 08.01 | 워킹홀로데이 챌린지 시즌 1 |
| 08.02 | 2021 장애인식개선 신춘문예 '더하다+N행시' 공모전 실시 |
| 08.09 | 여름기획행사 '떠나요 홈캉스! 홈캠핑' 실시 |
| 08.13 | 평택행복나눔본부 '서부공감 소상공인 및 취약계층에게 힘이 되는 1석 2조 지원 사업' 선정(장애인가정 난방용품지원) |
| 09.13 | 워킹홀로데이 챌린지 시즌 2 – 워킹쓰담데이 |
| 09.13 | 경기도의료원 수원병원 연계 무료이동치과진료 제공 |
| 10.14 | PMC박병원 업무협약 체결 |

# 2021

| | |
|---|---|
| 10.25 | 문화기획사업 '할로윈이벤트(GHOST HOUSE)' 실시 |
| 10.29 | 취업자 여행프로그램 – 가을 타는 직장인을 위한 감성여행 '함께 타고 느끼는 가을 |
| 10.30 | 가족지원 '산중글램핑' 실시 |
| 11.17 | 우양재단 '2021 사과는 사랑을 싣고' 선정 |
| 11.26 | 2021 장애청소년지원사업 발달장애인 자기주장발표회 '들려주고 싶은, 나의 이야기' 실시 |
| 12.06 | 2021 문화기획사업 '문화예술제 BBAF(BBJB ART FESTIVAL)' 실시 |
| 12.20 | 계절특화 크리스마스 이벤트 '산타마을에 놀러와!' 실시 |
| 12.22 | 장애인취업지원사업 공동수행 연계 체결 |
| 12.22 | 경기도 장애인 평생교육 우수사례 공모심사 우수 기관 선정 |
| 12. 27 | 평안밀알복지재단 업무협약 체결 |
| 7~12월 | 2021 장애인식개선 그림책 순회전시 |

# 2022

| | |
|---|---|
| 01.01 | 제3대 관장(유영애) 취임 |
| 01.01 | 장애인취업지원사업 공동수행 연계 약정체결 |
| 01.01 | 중증장애인지원고용 위탁 약정 체결 |
| 01.01 | 장애인고용공단 (장애인취업지원사업, 중증장애인지원고용) 업무협약 체결 |
| 02.22 | 평택행복나눔본부 '소외계층 신문 구독료 지원' 사업 선정 |
| 02.24 | 2022년 우양재단 먹거리 네트워크 사업 선정 |
| 03.23 | 만나잔기지떡 업무협약 체결 |
| 03.24 | 국제대학교 업무협약 체결 |
| 03.30 | 크린토피아 평택지사 업무협약 체결 |
| 03.31 | 한국자유총연맹 평택시지회 업무협약 체결 |
| 04.01 | 2022 장애인의 날 '봄을 알리는 소리' |
| 04.05 | 한국자유총연맹 '함께 나눔 서로 나눔' 공동체 행복지킴이 선정 |
| 04.05 | 2022년 우양재단 청년밥상 사업 선정 |
| 05.16 | 경기도장애인복지종합지원센터 보완대체의사소통(AAC) 환경구축사업 수행기관 선정 |
| 06.08 | 평택행복나눔본부 장애인가족을 위한 행복가정만들기 사업 선정 |

# 2022

06.09    장애인나들이 '우리들의 남다른 여름' 진행

06.21    경기도발달장애인지원센터 주관 '2022 발달장애인 부모교육지원사업 – 엄마를 부탁해' 실시

06.24    2022년 푸르메재단 효성 장애어린이 비장애형제자매 지원사업(나들이) 선정

07.01    취업자 국내여행 '제주도의 푸른 스케치북'

07.04    장애인취업지원사업 공동수행 연계 재약정체결(한국장애인고용공단 경기지역본부)

07.21    초록우산 어린이재단 현대차그룹 지정기탁사업(7차년도) 선정

07.26    장애인식개선 사생대회 '그리고, 더하다(+)' 진행

07.29    2022 파라다이스복지재단 클린하트지원사업 실시

08.01    문화스포츠지원사업 방학프로그램 실시

08.06    평택시청소년문화센터 주관 '청소년인권페스티벌' 체험 부스 참여

08.11    장애인국악예술단 '땀띠' 국악콘서트 진행

08.22    ㈜에스티환경/에스티방역공사 업무협약 체결

09.07    가족지원사업 장애자녀자립지원교육 '홀로그램' 실시

10.20    평생교육지원사업 창의적 체험활동 '1박 2일 보령여행' 실시

# 2022

| | |
|---|---|
| 10.28 | 고덕레인보우로타리클럽 업무협약 체결 |
| 10.28 | 각시방 업무협약 체결 |
| 10.28 | 시론웨딩 업무협약 체결 |
| 10.31 | 2023 경기도 장애인복지시설 재활프로그램 공모사업 선정 〈같이 GREEN〉 |
| 11.11 | 장애인식개선 사생대회 및 시상식 |
| 11.11 | 장애청소년지원사업 자기주장 발표회 '오늘 빛나는 그대, 내일의 꽃이 되리라' 실시 |
| 11.29 | 문화스포츠지원사업 스포츠행사 '팡팡 운동회' 실시 |
| 12.02 | 새 생각을 짓는 동화공방 장애인식개선 그림책 출판기념회 실시 |
| 12.05 | 문화기획행사 계절특화활동 '윈터원더랜드 IN 춘천' 실시 |
| 12.09 | 사회복지공제회 실천가대상 '유영애 관장' 수상 |
| 12.13 | 경기고속도로 업무협약 체결 |

# 2023

| | |
|---|---|
| 01.26 | 도담갤러리 업무협약(MOU) 체결 |
| 02. | 문화예술교육지원사업(무용, 미술) 사업 선정 |
| 02.21 | 발달장애인 권익옹호교육(1차) 실시 |
| 03.02 | 시민옹호인 '스몰스파크' 실시 |
| 03.03 | 2023년 우양재단 먹거리네트워크 함께 만들기 사업 선정 |
| 03.06 | 아동신체놀이체육활동프로그램 진행 |
| 03.07 | 2023년 경기사회복지공동모금회 지원사업 '생활의 참견' 실시 |
| 03.08 | 가족중심조기개입프로그램 진행 |
| 03.08 | 사회성 향상 그룹치료 진행 |
| 03.15 | 장애인활동지원사업 상반기 운영위원회 실시 |
| 04. | 발달장애인 부모교육지원사업 「건강한 성장통」 사업 선정 |
| 04.06 | 장애인권익지원협회 업무협약(MOU) 체결 |
| 04.07 | 팽성장애인주간보호센터 업무협약(MOU) 체결 |
| 04.07 | 발달장애인 중창단 동아리'싱그러운' 실시 |
| 04.13 | 평택북부장애인복지관 부모회 상반기 더+ 나눔 바자회 실시 |
| 04.17 | 성인장애인평생교육지원사업 「새로 고침」 사업 선정 |
| 04.22 | 장애인식개선 온라인 퀴즈대회'도전! 장애이해 퀴즈왕!' 실시 |

# 2023

| | |
|---|---|
| 05.09 | 2023년 한국자유총연맹 '함께나눔 서로나눔 공동체 행복지킴이'사업 선정 |
| 05.16 | 2023년 우체국 암보험 지원사업 선정 |
| 05.16 | 평택북부장애인복지관 희망이사회 이·취임식 실시 |
| 05.20 | 장애인식개선 캠페인(1차) 실시 |
| 05.20 | 장애인활동지원사업 상반기 보수교육 및 간담회 |
| 05.26 | 비건프렌즈 업무협약(MOU) 체결 |
| 05.30 | 2023 효성 장애어린이 비장애형제·자매 교육·심리지원사업 선정 |
| 06.02 | 장애인식개선 캠페인(2차) 실시 |
| 06.08 | 에바다마을 업무협약(MOU) 체결 |
| 06.12 | 장애인식개선 시민강사양성 교육과정 개강 |
| 06.14 | 2023년 경기도장애인복지관협회 여름나기 물품지원 배분사업 선정 |
| 06.24 | 장애인활동지원사업 상반기 문화활동 실시 |
| 06.26 | 발달장애인 권익옹호교육(2차) 실시 |
| 07.10~ | 2023년 장애인식개선 지역사회 순회전시 실시 |
| 07.17 | 2023년 평택시자활센터 취약계층 주거수납공간개선사업 선정 |
| 07.20 | 경기고속도로 마이토키 스마트 후원품 전달식 |

## 평택북부장애인복지관 사업 안내

---

## 상담사례관리

---

### 사례관리

- 다양한 욕구를 가진 지역사회 장애인 및 가족 대상 사례관리
- 세부프로그램 : 초기면접, 개입, 발굴 등 상담사업

### 상담사업

- 이용자 중심의 욕구사정을 통한 서비스 방향 설정 및 연계 · 장애관련 정보 제공
- 지역사회 복지창구 역할 수행

### 일상생활지원사업

### 식생활지원

- 재가장애인 일상생활지원
- 세부프로그램 : 반찬지원

### 김장지원

- 재가장애인 일상생활지원
- 세부프로그램 : 김장김치지원

**세탁지원**

• 재가장애인 일상생활지원

• 세부프로그램 : 세탁지원사업

**주거환경개선**

• 저소득 가정 대상 주거환경서비스

• 세부프로그램 : 주거환경개선

**기념일 지원사업**

• 재가장애인 일상생활지원

• 세부프로그램 : 명절지원, 절기지원, 특별한 하루

　　　　　　　　　　(생일, 외식, 이미용지원 등)

**정서지원사업**

• 재가장애인 일상생활지원

• 세부프로그램 : 나들이, 문화체험

**건강 및 의료지원**

• 장애인 건강 및 의료지원

• 세부프로그램 :건강 및 의료 자료 배포, 이동진료 등

---

## 권익옹호

### 권익옹호

• 장애당사자가 기본인권을 누릴 수 있도록 지원

• 세부프로그램 : 인권교육, 권익옹호실천, 보완대체의사소통
　　　　　　　 도구 제작 및 배포, 시민옹호사업, 권리증진
　　　　　　　 프로그램

### 장애인식개선

• 장애에 대한 이해도를 높이고 편견 감소를 위한 프로그램
　진행

• 세부프로그램 : 인식개선교육, 장애인식개선 활동(캠페인, 전
　　　　　　　 시), 장애인식개선 콘텐츠 제작, 장애인식개
　　　　　　　 선 행사, 장애인식개선 강사양성 등

### 역량강화 및 사회참여

• 장애 당사자 및 보호자의 역량강화와 사회참여 지원

• 세부프로그램 : 학령기 청소년 자립생활 프로그램, 중·장년
　　　　　　　 자립생활 프로그램

## 평생교육지원 서비스

### 사회적응 프로그램

• 성인장애인의 사회성 및 지역사회적응능력 향상을 위한 사회적응지원 프로그램

• 세부프로그램 : 사회적응훈련, 문해교실

### 체력증진 프로그램

• 성인장애인 대상 신체기능 향상을 위한 체력증진 프로그램

• 세부프로그램 : 운동교실

### 문화예술 프로그램

• 성인장애인의 다양한 문화·여가 참여기회를 제공하기 위한 문화예술 프로그램

• 세부프로그램 : 미술교실, 음악교실, 문화교실, 정보화교실 등

### 자조활동 & 특별활동

• 성인장애인의 개별욕구 및 자기결정권을 반영한 수준별 활동지원

• 세부프로그램 : 자조활동, 특별활동 프로그램

### 특별행사

- 성인장애인의 다양한 체험 및 참여기회를 제공하기 위한 활동지원
- 세부프로그램 : 창의적 체험활동, 나들이, 기념일행사 등

---

## 사회서비스지원사업

---

### 발달재활바우처 우리아이심리지원

- 장애 및 발달지연아동 지원 바우처 서비스
- 세부프로그램 : 언어, 음악, 미술, 감각통합

### 교육청 치료지원 꿈e든카드

- 특수교육 대상자 대상 교육청 치료지원서비스
- 세부프로그램 : 언어, 음악, 미술, 감각통합

### 장애인 활동지원사업

- 중증장애인 일상생활지원 및 사회 참여 지원을 위한 활동지원사 연계
- 세부프로그램 : 이용인 연계, 교육, 간담회, 나들이 등

### 장애인 맞춤형도우미

- 일상생활도움이 필요한 저소득 장애인 가정에 서비스 제공
- 세부프로그램 : 육아지원, 생활지원

---

## 장애 청소년지원사업

---

### 장애 청소년지원

- 장애 청소년 및 느린학습자 대상 사회적응 능력 및 역량강화 (평택시지원사업)
- 세부프로그램 : 상담서비스, 자기결정교육, 진로/문화체험 등

---

## 기획 홍보

---

### 기획·연구사업

- 복지관 미션 비전 바탕으로 서비스 제공을 위한 계획 수립 및 평가, 기획 사업 진행
- 세부프로그램 : 사업계획 및 평가, 조사연구, 현장실습 등

**홍보**

• 다양한 매체를 통해 복지관의 소식을 지역사회에 전달

• 세부프로그램 : 보도, 홍보물제작, 지역 및 온라인 홍보 등


**직원능력개발사업**

• 직원 역량강화를 위한 교육

• 세부프로그램: 내·외부교육, 연수, 교육 욕구조사


**이용자 참여**

• 이용인 중심 사업 진행을 위한 서비스 제공

• 세부프로그램 : 이용자간담회, 사업설명회, 이용인 고충처리

---

## 자원개발관리

---

**지역자원관리**

• 지역사회 조직 및 협력

• 세부프로그램 : 업무협약체결, 희망이사회 운영, 부모회 운영
　　　　　　　　지역자원연계사업, 자원봉사자 교육, 관리 등

**후원자 관리**

• 후원 개발 및 관리

• 세부프로그램 : 희망이음마을, 자원연계 모금 캠페인, 신규후
　　　　　　　 원자 개발·관리, 모금함 관리, 감사의 밤 등

**장애인 삶의 에너지 충전소** 평택북부장애인복지관 이야기

초판 인쇄  2023년 11월 22일
초판 발행  2023년 11월 24일
지 은 이  이준우 · 유영애
펴 낸 곳  코람데오
등    록  제300-2009-169호
주    소  서울시 종로구 세종대로 23길 54, 1006호
전    화  02)2264-3650, 010-5415-3650
팩    스  02)2264-3652
E-mail  soho3650@naver.com
값  15,000원
ISBN  979-11-92191-24-9  03230